UAP

UAP

초판 1쇄 발행 2023년 05월 31일
발행인 | 옮긴이 유지훈
펴 낸 곳 투나미스
감　　수 맹성렬
출판등록 2016년 06월 20일
출판신고 제2016-000059호
주　　소 수원 필달구 정조로 735 3층
이 메 일 ouilove2@hanmail.net
홈페이지 http://www.tunamis.co.kr
I S B N 979-11-90847-60-5 (03300)

UAP

unidentified aerial phenomena

미 국가정보국 + 국방부 + 중앙정보국 지음 | 유지훈 옮김 | 맹성렬 감수

1947년 미 육군 항공대는 미국 본토 상공에 출현하는 괴비행체 문제로 골머리를 앓고 있었다. 그 해 6월 워싱턴 주의 레이니어 산지에서 자신의 비행기를 조종하여 실종된 군 수송기 탐색 작업을 도와주던 부보안관 케네스 아놀드Kenneth Arnold는 접시 형태의 비행체들을 목격했다. 그 다음 달, 뉴 멕시코주 로스웰에 주둔하고 있던 군 부대 대변인이 비행접시가 로스웰 근교의 목장 근처에 추락해 군에서 회수했다는 보도 자료를 내놨다. 하지만 곧이어 상부기관에서 보도 관제를 실시했고, 군부는 돌연 이 모든 것이 오보였다고 발표했다.

케네스 아놀드, 로스웰 사건은 1947년 6월 말에서 7월 사이에 발생한 1,000여 건의 UFO 목격사건 중 대표적인 것이었다. 그 여름의 UFO 소동은 일반 시민을 비롯하여 매우 신뢰할 만한 항공기 조종사들의 목격 사례가 잇따르면서 더욱 가열되었다. 미국의 주요 신문에는 그해 하반기에만 수백 건의 UFO 기사가 실렸다.

그해 9월, 육군 항공대 소속의 항공 군수사령부는 괴비행체들이 기존의 어떤 비행체와도 다른 종류라는 결론과 함께 본격적인 조사가 필요하다는 보고서를 제출했다. 1948년 항공대가 육군에서 독립되어 공군이 되면서 '프로젝트 사인Project SIGN'이라는 괴비행체 전담반을 설치 운영했다. 이 조직은 그 후 '프로젝트 그러지Project GRUDGE'로 그 암호명이 바뀐다.

1952년 초, 미 공군은 괴비행체 전담반의 암호명을 '프로젝트 블루 북Project BLUE BOOK'으로 바꿨다. 이때부터 괴비행체는 UFO라 불리게 된다. 1952년에 갑자기 미국 전역에서 UFO 목격보고가 급증했다. 1952년 7월 말 워싱턴 DC 백악관 상공에 UFO가 출현하여 여러 차례 공군 요격기가 출동하는 소동이 있었다. 여러 대의 UFO들이 지상 관제탑 레이더와 출격한 조종사들 육안에 포착되었다. 워싱턴 포스트 1면에 그것들이 전투기보다 훨씬 빠른 속도로 움직였다는 조종사의 주장이 헤드라인으로 실렸지만 이 사건은 기온 역전층에 레이다 신호가 반사된 것이라는 결론으로 마무리 되었다.

UFO현상은 주기성을 띠고 있었다. 몇 년간 잠잠하다가 1957년에 미국에서 또다시 UFO소동이 일어났다. 미 공군은 1957년의 UFO 급증 사태가 소련의 스푸트니크 발사 때문이라고 발표했다. 이런 설명은 설득력이 있었고 뉴욕 타임스 등 주요 언론에 크게 보도되었다. 이 때문이었는지 곧 목격 보고가 뜸해지기 시작했다.

한동안 잠잠했던 UFO소동이 1965년 하반기부터 미국 전역에 불어 닥쳤다. 문제의 심각성을 깨달은 미 국방부는 칼 세이건Carl Sagan을 비롯한 자문 과학자들로 결성된 UFO조사 임시 위원회를 결성해 이런 어수선한 분위기를 종결시키려 했다. 이 위원회는 그동안 미 공군에서 진행되었던 UFO조사 프로그램의 각 분야 민간 전문가들 평가가 필요하다는 의견을 내냈다.

1966년 3월 말 미국의 미시건 주에서 대대적인 UFO 소동이 일어났다. 당시 미시건 주의 하원의원이었던 제럴드 포드 전 미국 대통령은 사태가 심각하다고 판단하여 자신이 소속된 하원 군사위원회 House Armed Service Committee에 청문회 개최를 요청했다. 1967년 5월 16일 미 하원 군사위원회의 위원장 멘델 리버스L. Mendel Rivers는 이 의견을 받아들여 프로젝트 블루북 조사 결과에 대한 청문회를 개최했다. 이 청문회에는 당시 미 공군성 장관이었던 해럴드 브라운Harold D. Brown과 프로젝트 블루북 팀장 헥터 퀸타닐라Hector Quintanilla, 그리고 자문을 맡고 있던 알렌 하이넥J. Allen Hynek 박사가 답변에 나섰다. 청문회 결과 하원 군사위원회는 미 국방부가 민간 전문가들에게 의뢰하여 프로젝트 블루북을 정밀 분석하도록 조치했다.

미 공군성은 당시 미국 물리학회 회장을 맡고 있던 콜로라도 대학의 에드워드 콘돈Edward Condon 교수에게 UFO 조사 분석을 의뢰했다. 프로젝트 블루북은 총 12,618건의 목격 사례를 분석해 그 중에서 기존의 어떤 비행체나 자연현상으로도 설명할 수 없는 701건의 UFO사례가 존재한다고 보고했다. 2년 후 이른바 '콘돈 보고서'가 나왔는데 본문에 UFO사례 중 몇 가지 사례는 결코 무시할 수 없다는 전문가의 의견이 담겨있었다. 하지만, 공군에서 UFO 조사 프로그램을 운영하는 그 자체가 미 국민들의 관심을 지속적으로 불러 일으킨다고 판단하고 있던 국방부의 심중을 알고 있던 콘돈은 직접 쓴 언론 보도용 요약문에서 UFO가 과학 기술적으로나 국가 안보상 전혀 중요하지 않으며 외계 문명과의 관련성을 전혀 찾아볼 수 없다고 단정했다. 이와 같은 콘돈의 결론에 의해 1969년 말 프로젝트 블루 북이 종결되었다.

미 공군의 조사팀 해체로 UFO에 대한 대중적 관심이 사라질 것이란 국방관련 미 고위관료들의 기대는 1973년 미국 전역에서 대대적인 소동이 일어나면서 수포로 돌아갔다. 미국의 매스컴은 UFO 대거 출현 사태를 대대적으로 보도했다. 이번에는 UFO 웨이브가 관심 대상이었다. 공군이 조사를 종결함으로써 다시는 대규모의 UFO 출현 사태를 예상하지 않았는데 왜 아직도 이런 현상이 발생하는 것일까? 몇몇 신문은 이 문제를 전 세계가 근본적으로 지닌 비교적 재미있고 무해한 형태의 병적 증상일 것이라고 추측했다. 또 몇몇 신문은 이번의 웨이브는 다분히 복고풍이라는 주장도 했다. 하지만 다른 신문들은 UFO 현상이 일부 과학자들이 주장하는 것처럼 외계문명에 의한 것일 수 있다는 의견을 제시했다.

1973년에 미 대륙에 대대적인 UFO 광풍이 불었으나 미 하원 군사위원회의 UFO 청문회를 이끌어내어 이를 최초로 정치적 이슈로 만들었던 제럴드 포드는 1974년에 대통령이 되고 나서 UFO에 대해 침묵했다. 아마도 국가 안보를 국민의 알권리보다 더 중요시 하던 공화당 지지자들의 눈치를 본 것으로 보인다. 이즈음 미 국민들, 특히 민주당 지지자들에게 UFO문제는 이제 국민의 알권리의 대표적인 의제로 떠올랐다. 스스로 UFO를 목격했던 지미 카터는 1976년 선거 캠페인에서 자신이 대통령이 되면 UFO관련 기밀을 해제하겠다고 공약했다. 실제로 1977년 대통령이 된 카터는 정보자유화법에 의거 청구된 정보공개를 정보기관들이 쉽게 거부하던 그때까지의 관행을 깨고 그들이 구체적으로 공익에 반한다는 증거를 제시하지 못할 경우 법원이 정보 공개를 허용하도록 판결할 수 있게 했다.

이에 따라 1979년에 CIA, NSA 등 주요 미 정보기관에서 소장하고 있던 UFO관련 문서들이 기밀 해제되었는데 UFO가 외계인의 우주선이라는 결정적 증거는 나오지 않았다.

UFO 기밀 문서 해제는 빌 클린턴 정부 때인 1995년에도 이루어졌다. 이를 추진한 이는 그 직전까지 법무부 차관보를 지낸 웹스터 허벨Webster Hubbell이었는데 그의 회고에 의하면 빌 클린턴은 UFO 문제를 아주 심각하게 생각하고 있었다고 한다. 하지만, 카터 때와 마찬가지로 이 시기에 공개된 UFO관련 문서들에서 결정적으로 UFO 정체 파악의 실마리가 되는 내용은 발견되지 않았다. 이처럼 미국의 여러 대통령들이 UFO문제에 대해 관심을 갖고 관련 정보를 공개할 것을 수차례 공언했으나 별다른 수확은 없었다.

2016년, 민주당 대통령 후보였던 힐러리 클린턴 또한 대선 캠페인에서 UFO 비밀문서의 공개를 약속했다. 하지만, 그녀가 대통령이 되지 못하면서 그 약속은 지켜지지 않았다. 만일 그녀가 대통령이 되었다면 그 전까지 알려지지 않았던 획기적인 UFO정보들이 공개되었을까? 그랬을 가능성이 매우 높다. 그녀가 이런 공약을 하기 10여 전부터 미 국방부에서의 UFO 관련 정보들에 대한 조사가 진행되고 있었기 때문이다.

2017년 빌 클린턴과 아들 부시 정권 시절 미 국방부 정보 담당 차관보 Deputy Assistant Secretary of Defense for Intelligence를 역임했던 크

리스토퍼 멜론Christopher K. Mellon은 익명의 국방부 관료로부터 3건의 UFO 동영상들과 관련 자료를 입수했다. 그는 당시 자문을 맡고 있던 민간 UFO단체 운영자 레슬리 킨Leslie Kean과 협의해 이 정보를 뉴욕 타임스에 제보했다. 심층 취재를 통해 뉴욕 타임스는 2007년부터 2012년까지 미 국방부 내에 '고등 항공우주 위협 확인 프로그램(Advanced Aerospace Threat Identification Program, AATIP)'이 운영되어 미 해군 비행기 조종사들에 의해 목격된 UFO 사건들을 조사했음을 밝혀냈다. 그 후에도 관련된 조사 전문가들이 최근까지 관련 목격 사례를 수집해왔다는 사실도 드러났다. 나중에 AATIP는 '고등항공우주 무기체계응용 프로그램(the Advanced Aerospace Weapons Systems Application Program; AAWSAP)'의 별칭으로 실제 이 프로그램은 2008년부터 2010년 동안 약 2년 동안 운영되었음이 밝혀졌다.

뉴욕 타임스를 비롯한 미국의 주요 언론들이 정보자유화법(Freedom of Information ACT, FOIA)에 의거해 UFO관련 정보공개를 요구하자 2020년 봄 미 국방부는 AATIP의 존재와 UFO 동영상들이 미 해군 조종사들에 의해 촬영되었음을 인정했다. 2020 8월 14일 미 국무부 차관 데이빗 노퀴스트David L. Norquist는 '미확인 공중 현상 태스크 포스(Unidentified Aerial Phenomena Task Force, UAPTF)'의 출범을 승인한다. 이 조직은 해군성에 설치되어 국방성 정보 보안 담당 차관실Office of the Under Secretary of Defense for Intelligence and Security과 긴밀하게 협력하면서 운영되었다.

2021년 6월 25일, 미 국가정보국장실ODNI은 2004년부터 2021년까지 미군 조종사들에 의해 목격된 총 144건의 괴비행체 사례에 대한 예비 분석 보고서를 공개했다. 그런데 이 보고서의 그 어디에서도 미확인 비행물체, UFO라는 용어는 찾아볼 수 없다. 그 대신 미확인 공중 현상(Unidentified Aerial Phenomena, UAP)라는 표현만 등장한다. 그렇다면, UFO와 UAP는 같은 개념일까? 아니다. 이 보고서에서 언급된 UAP는 새 떼나 기구, 또는 무인 비행체 등의 공중 부유체들, 얼음 조각, 수분, 또는 온도의 요동 등과 같은 자연 현상, 또는 미국 내 기업이나 단체에서 제작된 어떤 비행물 관련 프로그램(USG), 또는 러시아, 중국 또는 다른 국가나 집단이 만든 비밀 장치들이거나 '기타'일 수 있다. 50여 년 전까지 미 공군에서 조사했던 기준을 적용하면 총 144건의 UAP 중 126건은 IFO(확인 비행물체)에 해당하고 오직 18건인 '기타'만 UFO에 해당한다.

그렇다면, 이 '기타'는 어떤 특성을 보이는 걸까? 이 보고서 본문에서 기타에 속한 것들은 '고도의 기술력'을 보여주는 것일 수 있다고 기술하고 있다. 이런 사례들로서 바람이 세게 불고 있는데 꼼짝하지 않고 공중에 떠있거나 바람 방향에 거슬러 움직이는 경우, 갑자기 급가속하여 움직이거나 기존 비행체로 흉내 낼 수 없는 매우 빠른 속도로 날아가는 경우, 그리고 고주파 전자기 에너지를 방사하는 경우를 꼽고 있다. 크리스토페 멜론이 입수한 3편의 동영상엔 각각 FLIR(또는 Tic-Tac), 짐볼GIMBAL, 그리고 고패스트GOFAST라는 이름이 붙었는데 이들 동영상 속 UFO들에서 이런 특성들을 찾아 볼 수 있다.

등장하는 UFO가 길쭉한 형태의 민트 사탕을 닮았다고 해서 틱-택Tic-Tac이라는 이름이 붙여진 동영상은 2004년 샌 디에고에서 200여 킬로미터 떨어진 인근 태평양 해상에서 촬영되었다. 이 사건에는 당시 미 해군 대령이었던 데이빗 프레이버Dave Fravor와 중령이었던 알렉스 디트리히Alex Dietrich가 관련되었다. 이 UFO는 최초로 인근 해상의 순양함 프린스턴호에서 스파이-1 레이더 장치SPY-1 radar system에 포착되었고, 그 다음 이 함선의 관제탑 유도로 접근한 두 대의 호넷 전투기 조종사들(프레이버와 디트리히를 포함해 4명)의 육안에도 목격되었다. 문제의 동영상은 그 후에 출동한 다른 슈퍼 호넷 전투기에 장착된 AN/ASQ-228 고등 적외선 타게팅 시스템(Advanced Targeting Forward-Looking Infrared, ATFLIR)에 포착된 것이다.

카메라 수평 조정 장치에 사용되는 짐볼을 닮았다고 해서 짐볼이라 이름이 붙여진 UFO는 2015년 플로리다 비치 동쪽 잭슨빌 인근 항공모함 테어도어 루스벨트호에 주둔하고 있던 라이언 그레이브즈 Ryan Graves 중령의 비행 편대원에 의해 촬영되었다. 이 역시 AN/ASQ-228 ATFLIR에 포착된 것이다. 이 동영상에는 촬영을 하고 있던 편대원이 생생하게 현장을 중계하는 목소리가 녹음되어 있다. 그 내용은 당시 풍속이 초당 60미터나 되었는데 UFO는 공중에 정지 상태를 유지하다가 풍향에 거슬러 움직인다는 내용을 담고 있다. 이 UFO는 편대원 뿐 아니라 그레이브즈의 CATM-9 연습용 미사일에 부착된 적외선 센서에도 포착되었다고 한다.

매우 빠른 속도로 이동했다고 해서 고패스트로 이름 붙여진 UFO 역시 2015년 플로리다 비치 동쪽 잭슨빌 인근 항공모함 테어도어 루스벨트호에서 촬영되었다. AN/ASQ-228 ATFLIR으로 촬영된 동영상에 역시 촬영자의 육성이 녹음되어있다. 이 동영상에서 처음 두차례 UFO 포착을 시도하지만 모두 실패한다. 마침내 세 번째 시도에서 그것이 락-온되는데 이 때 촬영자의 환호성이 들린다. 옆의 동료가 그에게 직접 소동으로 락-온했는지 묻자 그는 자동 락-온 모드였다고 털어놓는다.

이 세 가지 동영상에 등장하는 UFO는 모두 매우 놀라운 운행 패턴을 보여준다. 그런데 중요한 점은 상당한 에너지가 소요되는 이런 고도 수준의 운행을 보여주는 UFO에서 그 어떤 추진 동력원도 포착되지 않았다는 점이다. 이 모든 동영상들이 적외선 센서로 찍힌 것이기 때문에 제트나 로켓 분사 등의 고에너지 분출이 있었다면 당연히 포착되었을 것이다.

미 국방부의 예비 분석보고서가 공개되기 한 달 전 쯤 미국 CBS TV의 '60분(60 minutes)' 프로그램에 동영상과 관련이 있는 전직 미 해군 조종사들인 데이빗 프레이버, 알렉스 디트리히, 그리고 라이언 그레이브즈Ryan Graves가 출연했다. 그들은 미처 동영상에 담지 못한 UFO의 상상을 초월하는 움직임에 대해 설명했다.

2004년 11월, 프레이버와 디트리히는 두 대의 슈퍼 호넷 전투기를 몰고 남 캘리포니아 인근 해상에서 정례 훈련 중이었다. 이 때 샌 디에고 인근에 항해 중이던 순양함 프린스턴 호로부터 음속의 50배가 넘는 속도로 움직이는 것으로 레이다에 포착된 괴비행체의 조사 요청을 받았다. 조종사들이 통제실의 유도를 받아 확인 지점에 도착했을 때 그 비행체는 해발 15미터 정도의 아주 낮은 위치에 있었다. 그것은 직경이 약 12미터 정도 되는 실린더 형태의 흰색 물체였다. 그 아래 바닷물은 하얀 포말을 일으키며 소용돌이 치고 있었는데 아마도 다른 UFO(USO라고도 불림)가 바다 속에 존재하는 것처럼 보였다.

프레이버의 전투기가 나선을 그리며 하강하자, 그 비행체는 그들을 향해 날아 올라왔다. 그는 좀 더 빨리 그 물체를 확인하고자 수직 하강을 시도했다. 그러자 그것은 여태껏 그들이 본 그 어느 비행체보다 빠르게 가속해 사라졌다. 그의 증언에 의하면, 그 물체는 어떤 비행 날개나 회전 날개도 없었고, 또한 제트 분사도 하지 않았으며, 그런데도 전투기들보다 훨씬 빠른 속도로 움직였다고 한다.

라이언 그레이브즈는 그와 그들의 편대원들 및 항공모함 테어도어 루스벨트호에 타고 있던 다른 해군 조종사들이 2014년부터 2015년 사이에 버지니아와 플로리다 인근 대서양 상공에 나타난 UFO를 거의 매일 목격하다시피 했다고 주장했다. 중국이나 러시아의 비밀 비행체일 가능성을 묻는 사회자의 질문에 대해 그는 일단 긍정하는 듯한 제스처를 취한다. 하지만, 그 뒤에 그는 작심을 한 듯 그럴 가능성을 강하게 부정한다. 만일 정말로 그들이 UFO가 중국이나 러시아로부터 오는 것이라는 판단을 했다면 아주 심각한 태도를 취했을 것이라고 말한다. 하지만, 그것들이 뭔가 다르기 때문에 나타나도 애써 무시하려는 태도를 보인다고 증언하는 것이다. 그렇다면, 그가 이들 UFO가 지구상의 비행체가 아니라고 보는 이유는 무엇일까? 그는 UFO가 보여주는 놀라운 기동력에 주목한다. 일반적으로 공중에서 정지 상태로 체류할 수 있는 비행체, 아주 높은 고도까지 올라갈 수 있는 비행체, 그리고 지상에서 수직 상승할 수 있는 비행체가 각각 가능한데 이 모든 운행 능력을 동시에 갖춘 비행체는 지구상의 기술로 불가능하다는 것이 그의 판단이다. 그런데 UFO가 바로 이런 불가능한 비행 패턴을 보인다는 것이다.

2021년 11월 23일, 국방부 부장관 캐슬린 힉스Kathleen Hicks는 정보 및 보안 담당 국방 차관실(Office of the Under Secretary of Defense for

Intelligence & Security, OUSD-I&S) 안에 '비행체 식별, 관리 및 동기화 그룹(Airborne Object Identification and Management Synchronization Group ; AOIMSG)'을 설치한다고 발표했다. 이 전담반은 앞서 설치된 UAPTF의 업무의 상당부분을 대신하는 역할을 맡게 되었다.

2022년 5월 17일, 1967년 이후 처음으로 미 하원에서 UFO 관련 청문회가 열렸다. 이 청문회는 앞으로 미 국방부 내 AOIMSG 및 UAPTF를 전반적으로 어떻게 운영을 할 것인지에 대한 설명하는 자리였다. 이 두 조직의 책임자들이 UAP에 대한 이슈를 적극적으로 조사할 것이란 점을 표명하는 자리였던 것이다.

반세기만에 처음 개최된 UFO 청문회라는 점에서 그리고 정보 공개를 위한 첫 걸음을 내딛었다는 점에서 큰 의미가 있었으나, 앞으로 헤쳐나아가야 할 산적한 과제들이 많다는 사실을 깨닫게 해주기도 한 청문회였다. 미 하원 상설 정보 특별 위원회House of Representatives Permanent Select Committee에서 주관한 이 청문회의 의장은 민주당 소속 테러방지, 방첩 및 대량무기살상방지 소위원회House Intelligence Counterterrorism, Counterintelligence, and Counterproliferation Subcommittee 위원장 안드레 카슨Andre Carson이 맡았다. 카슨을 제외하고 질의에 나선 위원들은 모두 8명으로 민주당 소속의 애덤 쉬프Adam Shiff(미 하원 상설 정보 특별 위원회 위원장), 짐 하임스Jim Himes, 라자 크리슈나무르티Raja Krishnamoorthi, 피터 웰치Peter Welch와 공화당 소속의 릭 크로퍼드Rick Crawford, 브래드 웬스트럽Brad Wenstrup, 마이크 갤라거Mike Gallagher, 대린 라후드Darin LaHood였다. 이 청문회에서 답변을 맡은 이들은 AOIMSG 대표 로널드 몰트리Ronald Moultrie 국방부 차관과 UAPTF 대표 스캇 브레이Scott Bray 해군 정보 부국장이었다.

이 책은 1947년부터 1980년대까지 미국 CIA에서 UFO와 관련해 활동했던 내역들을 자세히 정리한 'CIA 리포트'와 2021년 여름 ODNI가 발간한 'UAP 예비 분석 보고서,' 그리고 2022년 봄 미 하원 상설 정보 특별 위원회에서 있었던 UAP/UFO 청문회 녹취록을 담고 있다. UFO에 대한 비전문 기관의 해석을 섞지 않고 미국 정부기관의 공식 입장을 담아보자는 것이 이 책의 편집 의도라고 볼 수 있다. 지금까지 밑도 끝도 없는 황당한 내용을 담고 있는 UFO 관련 서적들만 접했던 독자들에겐 다소 따분한 내용일 수도 있겠으나 정말 UFO문제에 심각한 접근을 원하는 독자들에겐 많은 참고가 될 것이다.

2023년 04월 15일

맹성렬 교수

CONTENTS

"드넓은 우주에 지적 생명체가 인간뿐이라면 엄청난 공간의 낭비다" – 칼 세이건

1

The Congressional Hearings on UAP

UAP 의회 청문회

(2022년 5월 17일)

안드레 카슨 (위원장)

국가안보에 위협을 가하는 사건이라면 의당 감시·조사해야 마땅할 것입니다. 2017년, 우리는 국방부가 오늘날 '미확인 대기현상들 Unidentified aerial phenomena' 또는 UAPs라고 부르는 것을 추적하는 유사 조직을 비밀리에 재개했다는 사실을 처음 알게 되었습니다.[1] 작년 의회는 공중물체식별관리동기화그룹(Airborne Object Identification and Management Synchronization Group) 또는 축약해서 AOIMSG이라고 하는 조직에 대한 헌장을 다시 작성했습니다. 금일 우리는 해당 조직에 대한 정체를 분명히 밝히고자 합니다. 본 청문회와 감독 업무의 핵심은 단순합니다. 이를테면, 미확인 대기현상들은 국가안보를

위협할 수 있으므로 그에 걸맞게 다루어야 한다는 것입니다. UAP를 둘러싼 해묵은 오명 탓에 정보 분석이 원활하지 못했고 조종사들은 보고를 회피했으며, 행여 이를 보고

할라치면 비웃음거리가 되기 십상이었습니다. 사실이 그렇습니다만 UAP는 실제로 존재하며 조사가 필요합니다. UAP를 둘러싼 숱한 위협요인을 제거해야 합니다.

---

1 카슨 위원장은 Unidentified aerial phenomena의 축약된 표현을 UAPs라고 언급했다. 하지만 AATIP는 Unidentified aerial phenomena의 약자를 UAP로 사용했고 나중에 국가정보국장실의 예비 분석 보고서에서도 이런 관례를 그대로 따랐다. 청문회에서 카슨은 UAPs를 계속 사용했는데 이 번역서에서는 관례대로 UAPs 대신 UAP를 사용할 것이다.

미 국방부의 로날드 멀트리Ronald Moultrie 정보·안보 담당 차관님, 브레이 씨, 의회에 출석해 주셔서 감사합니다. 우선 AOIMSG의 현황을 브리핑해주시기 바랍니다. 이를 조직하는 법안이 12월에 통과된 후 시행 시한이 속히 다가오고는 있지만 해당 조직은 책임자도 공석인 상황입니다. 조직 현황과 아울러 이를 가동시키는 데 걸림돌이 되고 있는 것은 무엇인지도 파악하고자 합니다. 둘째, 여러분은 오늘 청중뿐 아니라 특히 군 당국과 민간 비행사들에게 세태가 많이 달라졌다는 점을 설득해야 합니다. UAP 보고자를 거짓말쟁이가 아니라 목격자로 인정해야 한다는 이야기입니다. 셋째, 여러분이 우리, 즉 의회와 미국 국민들의 상상하는 바가 무엇인지 잘 파악하고 있을 것이라고 생각합니다만, 이들이 유도하는 사실들을 기꺼이 좇아가려 한다고 보여줄 필요가 있습니다. 하지만 종종 국방부DOD가 충분히 할 수 있는 조사를 하기보다 해명할 수 있는 대상만을 강조하는 데 좀 더 주안점을 두진 않을까 우려됩니다.

어떤 결론이든 여러분이 허심탄회하게 털어놓겠다는 의지를 확신시켜 주기를 바랍니다. 끝으로, AOIMSG는 무無에서 시작한 최초 조직은 아니라는 말씀을 드립니다. 해당 전담팀task force은 국방부에 소속된 세 번째 조직이며, 뮤추얼UFO네트워크the Mutual UFO Network 같은 민간단체와 코벨 씨Mr. Corbell 등이 UAP에 대한 자료를 수년간 수집해 왔습니다. AOIMSG의 활성화를 위해 UAP 관련 이전 업무에 대한 지식 및 경험을 어떻게 활용할 수 있을지 설명해 주시기 바랍니다. 미 의회는 반세기 전에 UAP 청문회를 개최한 적이 있습니다만, 명백한 증거가 부재하다는 이유로 다음 청문회까지 또 50

년을 기다리진 않았으면 좋겠습니다. 그러면 존경하는 크로퍼드 위원님의 모두발언을 들어보겠습니다.

릭 크로퍼드

감사합니다, 위원장님. 존경하는 멀트리 차관님, 브레이님, 오늘 참석해 주셔서 감사합니다. 의회와 행정부가 이 중요한 주제에 대해 공개담화를 할 수 있게 되어 감사드립니다. UAP는 과대망상과 억측은 차치하고라도, 수많은 사람의 창의적인 상상력을 자극하는 주제이긴 하지만 근본적이고도 중요한 문제를 제시하고 있습니다. 물론 현안의 본질도 심각하겠지만, 개인적으로는 중국·러시아의 극초음속 무기 개발 현황을 파악하거나, 미국 정부가 우크라이나와 실행 가능한 정보를 공유하는 데 왜 그리 늑장을 부렸는지를 살펴보는 데 좀 더 관심이 있긴 합니다. 하지만 UAP라는 주제가 러시아 및 중국의 미공개 활동을 파악하는 데 보탬이 될 수 있을 듯하여 저도 참여하게 된 것입니다. 정보당국은 중국과 러시아 같은, 혹시 모를 적대국이 예기치 못한 신기술로 미국에 충격을 주지 않도록 사전에 조치를 취해야 할 의무가 있다고 봅니다.

정보당국의 감독인 이 위원회는 UAP가 신기술인지 아닌지를 판단하는 데 어떤 역할을 하고 있는지 파악해야 할 의무가 있습니다. 혹시라도 신기술이 맞다면 그것은 어디서 온 것일까요? 대체로 정보당국은 이른바 '알려진 미지의 대상known unknowns'을 파악하기 위해 수많은 시간과 재원을 활용하고 있습니다. 미지의 그것이 해외의 무기나 센서라면 우리는 그 정체를 제대로 파악하지 못한 것이죠. UAP를 둘러싼 문제는 알려진 것이 전무하다는 것과, 좀 더 방대한 수집·분석이 필요하다는 것입니다. 정보기관은 국가안보에 대해 알려진 위협뿐 아니라 충격적인 기술력에도 균형있게 대응해야 합니다. 우리는 사실관계를 추적하되 초월적인 기술력은 존재하지 않는다는 점을 확인해야 할 것입니다. 정보당국은 비행 훈련의 안전을 위협한다거나, 적국이 미국을 상대하기 위해 전술적인 기술을 개발하고 있다는 조짐이 될 법한 현상을 관찰해왔다면 이를 진지하게 생각해야 합니다.

아울러 조종사를 비롯한 병력들이 스스로 목격한 UAP를 보고하더라도 낙인이 찍히지 않는다는 분위기도 중요하다고 봅니다. 지금은 청문회의 열린 공간에서 공개적으로 진행되는 부분이며, 우리는 나중에 폐쇄된 공간에서의 비밀 청문회를 가질 것입니다. 정보의 차단은 진실을 은폐하기 위한 것이 아니라 국가안보를 위해서란 사실을 국민이 양해해 주었으면 합니다. 해외 정부가 UAP나 신기술을 개발하는지 확인할라치면 국내외에서 개발 중인 신기술이나 시스템에 대한 기밀정보와 맞닥뜨릴 수밖에 없습니다. 그러나 정보가 국가의 안위를 저해하지 않는다면 동맹국 및 국민과도 공유해야 할 것입니다. 오늘 여러분이 이를 확실히 염두에 두시면 좋겠습니다. 개인적으로는 정보당국이 끊임없이 UAP의 정체를 규명하고 그간의 모든 정보를 의회에 보고하기를 바랍니다. 저는 본 청문회뿐 아니라, 정보당국과의 지속적인 대화와 감시를 학수고대해왔습니다. 그럼 카슨 님께 바통을 넘기겠습니다.

카슨

여러분, 그럼 저명하신 애덤 쉬프 위원장님의 발언을 들어보겠습니다.

애덤 쉬프

UAP에 대한 청문회를 개최해 주신 카슨 위원장님과 이 주제에 대한 리더십에 감사의 뜻을 전합니다. 금일 논의 일부를 공개하는 것은 의회가 신설 전담반(태스크포스)을 승인하고 자금을 지원하는 데 갖춰야 할 투명성과 개방성이라는 명분을 지키는 데 매우 중요할 것입니다. 아울러 UAP 보고서를 연구하고 특성을 규정하기 위해 실시되고 있는 광범위한 노력은 이 현상들에 대해 우리가 무엇을 알고 있고 무엇을 알지 못하는지 이해하는데 있어 중요한 절차입니다. 저는 국방부와 정보당국이 어떻게 업무를 진행해 왔는지를 밝히는 공개·비공개 청문회를 학수고대해왔습니다. UAP 보고서는 지난 수십 년간 접수되었지만 오명을 두려워하지 않고 UAP를 보고하거나 조사할 수 있는 정식 루트는 없었습니다. 이제는 달라져야 합니다. UAP 보고서는 국가 안보에 대한 문제로 인식해야 하며, 국방부와 정보당국 및 미국 행정부 전체에 전달되어야 할 것입니다.

미 영공에서 확인이나 식별이 어려운 무언가를 발견했을 때 이를 조사·보고하는 것은 국가 안보 담당자들이 할 일입니다. 그렇기에 국방부는 UAP 이슈에 대해 실시하고 있는 업무를 추적·분석하고 이를 투명하게 전달하기 위해 취하고 있는 조치를 국민이 직접 들을 수 있도록 청문회를 공개해야 하는 것입니다. 지나친 음모론은 불신과 억측만 낳기 때문에 국민과 최대한 공유하는 것이 정부와 위원회의 책무겠지요. 저는 UAP 전담반이 태동하게 된 경위를 비롯하여 그들이 맞닥뜨리고 있는 문제가 무엇인지 궁금하고, 전담반이 전 세계의 장기미제 중 하나인 UAP를 밝혀낼 수 있다는 확신을 어떻게 심어줄지도 듣고 싶습니다.

여러분의 노고에 감사드립니다. 무슨 말씀을 하실지 벌써 가슴이 설레네요. 제가 가장 묻고 싶은 질문이 있다면 UAP가 크기를 측정할 수 있는 대상이냐는 겁니다. 이를테면, 계기판에 포착된 물체로, 착시가 아니라 몇 가지 기기로 측정할 수 있는 실체냐는 것이죠. 우리가 익히 알고 있는 물리학이나 과학 법칙에는 적용되지 않는 움직임을 보이기도 하는 것 같은데요. 숱한 미스터리를 낳고, 국가안보에도 영향을 주는지 모르는 터라 공개 청문회에서 여러분이 보고할 내용이 아주 궁금해집니다. UAP 이슈에 대해 탁월한 통솔력을 발휘해주신 카슨 위원장님께 거듭 감사드리며 이쯤에서 발언권을 넘기겠습니다.

카슨

감사합니다. 그러면 멀트리 차관님 발언으로 청문회를 개시하겠습니다.

로널드 멀트리

쉬프 위원장님과 카슨 위원장님을 비롯하여, 크로퍼드 위원님 및 존경하는 분과위원회 회원 여러분 감사합니다. 미확인 대기현상,

즉 UAP를 둘러싼 이슈를 여러분과 살펴볼 수 있게 되어 영광입니다. 참석해 주신 스캇 브레이 부국장님, 반갑습니다. 부국장님은 오늘 논의할 업무의 토대를 마련한 해군 '미확인 대기현상 전담반(Unidentified Aerial Phenomena Rask Force, UAPTF)'에 대해 말씀해주실 예정입니다.

먼저, UAP 프로젝트를 지원해 주신 의원 여러분께 감사드리고 싶습니다. 2022년 회계연도의 국방수권법NDAA 덕분에 UAP 관련 데이터를 적시에 수집·처리·분석·보고하고 이를 감독할 전담 기관을 설치할 수 있었습니다. 그렇다면 UAP는 무엇일까요? 간단히 말해, UAP란 막상 마주쳤을 때 즉각적인 식별이 어려운 비행물체를 가리킵니다. 그러나 국방부의 주장에 따르면, 구조적으로 수집된 데이터와 엄격한 과학적 분석을 결합하면 우리가 마주친 물체는 무엇이든 특정·규명할 수 있으며 정체를 식별할 수 있다고 합니다. 필요하면 피해를 줄일 수도 있다고 하죠. 저희가 알기로는 전담반 요원들도 UAP와 마주친 적이 있다고 합니다. UAP가 비행 안전뿐 아니라 국가의 안보마저 위협할 수 있으므로 저희는 주로 UAP의 기원을 규명하는 데 매진할 것입니다. 아울러 적국의 운영체제(플랫폼)과 혹시 모를 신기술, 미국 정부 혹은 상업 체제(플랫폼), 연합국이나 우호국의 시스템 및 자연현상도 파헤칠 생각입니다.

알다시피, UAP를 두고는 발설하는 즉시 '비정상'이라며 낙인을 찍는 분위기가 아주 없진 않았습니다. 저희 목표는 운영자와 작전 인력mission personnel을 공인된 데이터 수집 프로세스에 완전히 통합함으로써 낙인찍는 분위기를 없애는 것입니다. UAP 보고를 주요 임무로 규정한다면 성공에 보탬이 될 것입니다. 방위 정보 및 보안당국은 전 영역에 걸쳐 병력과 작전 인력을 실시간으로 지원합니다. 저희는 국방부의 UAP 프로젝트를 최적화하기 위해 국방부 장관실 내에 별도의 부서를 설치하고 있습니다. 본 부서의 기능은 명확합니다. 기존의 미지 혹은 미확인 비행물체를 체계적·논리적일 뿐아니라 공인된 방법으로 규명하는 것이죠.

이 같은 목표는 훈련·보고 요건을 비롯하여 데이터 및 정보 요건 개발과 수집·운영 감독, 분석 및 보고를 위한 절차를 표준화·통합하고, 연구 개발 역량을 개선하기 위해 운영 인력과 긴밀히 협력하고 있다는 방증입니다. 이로써 UAP 탐지·규정 및 식별력을 높이고 위협 완화 솔루션 및 절차를 개발, 전략·정책 솔루션을 파악하게 된다면 국가정보국장실ODNI과 미연방항공국FAA, 국토안보부DHS 및 연방수사국FBI의 협력이 극대화되고 당국간의 연대는 더 강화될 것입니다.

국방부는 에너지부뿐 아니라, 국립해양대기청NOAA과 마약단속국DEA, 미항공우주국NASA 및 국립연구소, 게다가 이들 못지않게 중요한 해외 협력·동맹국과도 돈독한 파트너십을 맺고 있습니다. 아울러 투명성의 중요성에 대해 말하자면, 국방부는 국민에 대한 공개 방침을 철저히 지키겠습니다만, 민감한 소재와 수단은 의무상 보호하고 있습니다. 당국의 목표는 운영 인력 지원에 매우 중요한 역량을 키워나가는 동시에 국민의 신뢰도 얻을 수 있도록 섬세한 균형을 이루는 것입니다. 끝으로 국방부는 앞서 밝힌 계획에 전념하며 문제를 흔쾌히 해결해 나갈 생각입니다. 여러분의 열렬한 지원에 감사드립니다. 질의응답 시간이 기다려지네요.

스캇 브레이

쉬프 위원장님, 카슨 위원장님, 크로퍼드 님을 비롯한 각 위원님, 국방부가 미확인 대기현상의 정체를 파헤치기 위해 진행 중인 업무를 소상히 밝힐 수 있도록 기회를 주셔서 감사드립니다. 2천 년 대 접어들면서 군사통제 훈련지역과 지정된 작전지역에서 출몰하는 비승인 (및/혹은) 미확인기체(물체)의 수가 점차 증가해 왔으며 현재 UAP를 목격했다는 보고가 빈번히 접수되고 있습니다. 보고 건수가 증가하게 된 원인으로 보고해도 불이익을 받지 않게 하는 당국의 방침과, 공역에서 움직이는 무인 항공기 및 쿼드콥터 등, 새로운 기체들의 수효가 증가했다는 점을 꼽을 수 있습니다. 아울러 공중에 떠도는 풍선이나 폐기물 혹은 잡동사니를 식별하고, 영공에 뜬 물체를 감지할 수 있는 센서의 성능이 향상되었다는 점도 원인일 것입니다.

약 2년 전인 2020년 8월, 노퀴스트 국방부 차관은 해군 내에 UAPTF 설립을 지시했습니다. UAPTF는 조종사들이 훈련장에서 목격한 미확인 물체에 대한 보고에 대응하려는 해군의 의지를 기반으로 창설된 것입니다. 당시와 지금 제기되고 있는 근본적인 문제는 둘로 압축됩니다. 첫째, 미확인 물체가 훈련장에 침투했다는 것은 비행이 상당히 위험해질 수 있다는 방증입니다. 해군의 비행임무를 통틀어 조종사의 안전은 매우 중요합니다. 둘째는 미지의 항공기나 물체가 작전 보안에 위협을 가할 수 있다는 점입니다.

해군 조종사는 실전과 같이 훈련합니다. 그러므로 전력이나 전술, 기술 등을 노출시켜 작전 보안을 저해할 수 있는, 제3자의 침투행위가 있다면 해군과 국방부가 우려하지 않을 수 없는 것입니다. 애당초 국방부는 이러한 보고를 매우 진지하게 생각해 왔습니다. 당국은 될 수 있는 한 많은 데이터를 수집하고 가능한 모든 분석 자산을 활용, 결과에 대응할 최선의 판단을 내리기 위해 데이터중심 조사 기법을 도입했습니다. 전담반의 주된 목표는 UAP 프로젝트를 진술이나 서술에 근거한 연구방식에서 엄격한 과학·기술 공학 중심의 연구로 전환하는 것이었습니다.

이 데이터기반 연구를 제대로 가동하려면 방대한 자료를 입력해야 합니다. 초기 단계에서 전담반은 보고 방식 및 절차의 기준을 정하기 위해 노력했습니다. UAP 보고가 수월해지면 광범위한 정보를 입수할 수 있을 테니까요. 또한 UAP를 보고할 때 '꼬리표'가 붙을 수 있다는 의식을 불식시킬 요량으로 해군 조종사와 직접 접촉하며 긴밀한 관계를 구축했고, 해군 항공 지도부와 협력하여 UAP 기록 장비를 추가하기도 했습니다. 해군과 공군 조종사들은 조종석에서 **니보드**(kneeboard, 파일럿이 비행할 때에 물건을 고정하거나 업무 일지를 작성할 때에 사용하는 물건으로 주로 천이나, 플라스틱 혹은, 금속 따위로 만든다 - 옮긴이)에 보고서를 작성하고 사후에 보고를 받는 식의 단계별 매뉴얼도 갖추었습니다. 이를 통해 나타난 직접적인 결과는 센서에 집중할 기회가 늘어 보고 건수가 증가했다는 것입니다.

메시지는 분명합니다. 뭐라도 보이면 보고해야 한다는 것이죠. 관계자들은 메시지를 접수했습니다. 최근 저는 2,000시간이 넘는 비행 이력을 자랑하는 고위급 해군 조종사에게서 전화를 받았습니다. 자신이 방금 겪은 사실을 털어놓고 싶어 착륙 직후 비행대기선에서 직접 전화를 한 것입니다. 통화가 발단이 되어 우리는 국방부와 정보기관, 미국 정부 기관 및 부처에서 전문가를 섭외하는가 하면, 연구개발 및 탐색 전문기관을 비롯하여 업계 파트너와 학술연구소와도 손을 잡았고 수많은 국내외 파트너를 UAP 논의에 가담시켰습니다.

물리학과 광학, 금속공학 및 기상학을 포함한 다양한 분야의 전문가들은 아무래도 체계적인 식견이 부족한 저희의 이해 폭을 넓히기 위해 참여해 주었습니다. 요컨대, 우리는 UAP 현상을 좀 더 정확히 이해하기 위해 알음알음 협력해 왔습니다. 그렇다면 지금껏 무엇을 알아냈을까요? 순식간에 사라졌거나 좀 더 길게 포착한 것도 있고 기록으로 남겼거나 미처 그러지 못한 경우도 있을 것입니다. 몇 가지 자산으로 남은 관찰이 가능한 사례도 있을 테고요. 즉, 단순명료한 답은 없다는 말입니다. 예시 차원에서 저희가 입수한 첫 번째 동영상을 보여드리겠습니다. 현장에서 실시간으로 찍은 것입니다.

저기 있네요. 대다수의 제보 영상이 이렇습니다. 이보다 훨씬 못한 영상도 적지가 않죠. 작년(2021년) 6월, 국가정보국장실(Office of the Director of National Intelligence, ODNI)이 발표한 공개 및 비공개 예비분석 보고서에서 자세히 서술한 바와 같이, 데이터와 자료는 해상도가 높더라도 수효가 한정되어 있어 당국이 UAP의 의도나 정체에 대한 결론을 도출하기가 매우 어렵습니다. ODNI 보고서에서 구체적으로 밝혔듯이, UAP 사건이 모두 해명된다면 각 사례는 다섯 범주 중 하나에 해당할 공산이 큽니다. 이를테면, (1) 갖가지 공중 부유물들 (2) 자연현상, (3) 정부 혹은 국내산업 개발 프로그램, (4) 적국의 기체, 아니면 (5) 혹시 모를 획기적이거나 잠재적인 과학적 발견 가능성이나 불가해한 사례를 감안한 '기타'를 두고 하는 말입니다. 이 결론의 기조는 유지하고 있습니다.

예비보고서가 발표된 이후, UAPTF의 데이터베이스는 지금까지 약 400개의 보고서를 입수할 만큼 발전했습니다. '관종'으로 낙인을 찍으려는 분위기가 줄었고, UAP 제보 중 몇 가지의 특성을 파악하는 데도 진전이 있었습니다. 실례로 다른 지역에서 몇 년 간격으로 포착된 동영상과 이미지를 보여드리겠습니다.

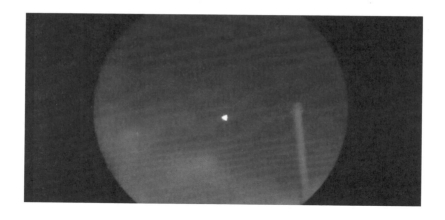

동영상을 보면 미 해군 장병이 삼각형으로 보이는 물체를 촬영했습니다. 몇 해 전 미국 해안에서 녹화된 섬광인데, 촬영 당시 미 해군 함정은 이 지역에서 수많은 무인 항공기를 목격했다고 합니다. 무엇보다도, 이 영상은 야간 투시경을 통해 일안반사식SLR 카메라로 촬영된 것입니다. 수년간 해명이 되지 않았는데 또 몇 해가 지났습니다.

미 해군은 다른 해안에서도 숱한 무인 항공기가 비행하는 가운데 야간 투시경과 SLR 카메라로 같은 이미지를 촬영했습니다. 이때 미 해군 자산은 근방에 뜬 무인기를 목격하며 이 삼각형이 무인 항공 기와 관계가 있을 거라고 생각했습니다. 사실, 삼각형 물체는 야간 투시경을 통과한 빛이 카메라에 찍힌 결과라고 합니다. 해군이 목 격한 것이 모두 식별 가능하다는 말씀은 아닙니다. 다만 우리가 입 수할 수 있는 사례에서 대상을 파악하려면 상당한 노력이 필요하 다는 좋은 본보기라 해두겠습니다. 앞선 예에서 우리는 결론을 도 출하기 위해 서로 다른 두 시기와 지리적 위치에서 목격한 정보를 토대로 유효 데이터를 차곡차곡 수집했습니다.

물론 그러지 못할 때도 더러 있을 겁니다. 수많은 사람들이 보기에 는 만족스럽지 못하다거나 미흡할 수 있겠다는 점은 저희도 예상 하고 있습니다.

이 물체의 정체는 무엇이며 기원은 어디인가를 두고 다양한 이론이 난무할 만큼 UAP는 관심을 끄는 주제입니다. 본디 사람은 누구나 미지의 대상에 호기심을 갖고 이를 이해하기 위해 애를 쓰죠. 평생을 정보 전문가로 살아온 사람으로서 저 역시 인내심이 금세 바닥이 나는지라 다른 사람 못지않게 즉답을 듣고 싶은 심정입니다. 그러나 실체를 파악하려면 막대한 시간과 노력이 필요할지도 모릅니다. 그래서 데이터기반 프로세스에 집중하고 사실에 근거한 결과를 도출해 내고자 안간힘을 쓴 것입니다. 업무의 본질이 국방이기 때문에 정보 제공과 공개 포럼 빈도가 다수의 기대보다 적을 때도 더러 있었습니다.

UAP가 실제로 안보를 위협하는 대상이라면 이를 분석하거나, 연구 기록을 살펴보는 데 활용되는 전력과 시스템, 프로세스 및 자료는 그에 걸맞은 수준으로 분류해야 할 것입니다. 우리가 대상을 식별하고 규명하는 역량이라든가, 어떤 결론에 이르는 경위를 혹시 모를 적국이 눈치채길 원하는 사람은 없을 것입니다. 따라서 정보 공개는 사례에 따라 신중하게 결정해야 합니다. 아울러 전담반은 새로운 조직으로 원활히 전환하는 데 주력하고 있으며, 향후 UAP를 둘러싼 복잡다단한 이슈를 분석할 때 최신 프로세스와 절차를 갖춘 인프라의 덕을 톡톡히 볼 것입니다. 해군의 지휘를 받는 전담반은 일설에 따른 증거보다는 과학·기술에 근거한 분석 결과를 도출해 낼 수 있도록 판을 깔았다고 자부합니다. 저희는 이 목표에 전념하고 있는데요, 국방부 정보담당 차관께서도 같은 생각이신 걸로 알고 있습니다. 지속적인 UAP 전담반 지원에 관심을 가져주셔서 대단히 감사합니다.

전담반은 장족의 발전을 이루었습니다. 비록 완수되진 않았습니다만 좀 더 상세한 분석을 위한 토대를 마련해나가고 있습니다. 지원이 끊이지 않는다면 데이터중심 분석으로 UAP를 규명할 때 필요한 모멘텀을 유지할 수 있을 것입니다. 그럼 질문 기다리겠습니다. 감사합니다.

카슨

감사합니다. 브레이 부국장님. 이번이 세 번째로 개편된 전담반인데요, 솔직히 말해, 의회가 우려하는 문제 중 하나는 양당이 집권한 행정부가 불가해한 사건은 피하고, 해명이 가능한 사건에만 집중함으로써 UAP를 둘러싼 이슈를 덮어왔다는 것입니다. 단순한 해명으로 낮게 매달린 과일에만 시선을 둔 것이 아니라는 확신을 국민에게 심어주려면 어떻게 해야 할까요?

멀트리

의원님, 제가 먼저 말씀드리겠습니다. 브레이 국장님, 언제든 편히 말씀하셔도 됩니다. 현재 전담반은 과거보다 더 엄격한 기준의 방법론을 동원하여 UAP에 접근하고 있습니다. 무엇보다도 국방부 장관이 이를 헌장에 담고 있는데, 장관은 국방부에서 직위가 낮은 분은 아니죠. 장관은 국방부 장관실, 즉 정보보안 담당 차관인 저에게 UAP 임무를 배정했습니다. 제가 정보 관련 문제와 보안 이슈를 담당하고 있기 때문입니다. UAP는 정보와 보안에 모두 해당할 개연성이 있습니다. 그러므로 병력과 시설 및 기지 안전 문제를 우려한다면 이를 추진하는 것보다 국방부에서 우선적으로 조치를 취할 다른 어떤 일은 없으리라 봅니다.

아울러 위원장님도 말씀하셨다시피, 저희는 실질적인 기관으로서 역할을 감당하기 위해 해당 임무에 배정된 것입니다. 국방부 정보보안팀은 AOIMSG—명칭이 바뀔 공산은 크지만—이 자리를 잡을 수 있도록 노력해 왔습니다. 이번 주에는 이를 담당할 그룹장도 선임했습니다. 저명하고 평판도 좋은 인재를 말이죠. 현재까지 업무 영역을 확인하는 중입니다. 저희는 국방부 및 각 부처의 인력들 뿐 아니라 정보당국과도 공조해 왔습니다. 정보당국은 데이터를 입수하고 이를 분석하여, 합리적인 방법과 수단으로 데이터를 보고하는 기준을 적용하는 데 보탬이 되고 있습니다. 이때 전담반은 데이터를 당국에 전달하여 병력의 안전을 도모하고, 의회와 국민에게는 전담반 활동을 직접 감독한다는 확신을 심어줄 수 있을 것입니다. 그래서 표준에 따른, 매우 체계적인 방법론을 국방부 장관이 승인한 것입니다. 전에는 없었던 일을 감당하고 있다고 할까요.

카슨

분석가들이 사실을 바탕으로 모든 가설을 분석할 것이라 확신할 수 있을까요?

멀트리

물론입니다. 가설은 모두 경청하고 있으며 어떠한 결론도 열린 시각으로 수용하고 있습니다.

카슨

중진 위원이신 쉬프 위원장님께 발언권을 넘기기에 앞서, 이렇게 시간을 내주셔서 감사드립니다. 지난주에는 의원님과 뜻깊은 시간을 가졌는데요. 멀트리 차관님은 공상 과학science fiction 팬이라고 해도 무방하겠지요? 그렇죠?

멀트리

40년간 정보 분야에 몸담아 왔고 과학과 공상 과학에 몰두해온 터라 호기심이 많은 사람으로 봄직하죠. 그렇게 보셔도 무방합니다.

카슨

좀 더 하실 말씀이 있을 것 같은데요?

멀트리

예, 그러니까, 저희 세대는 우주 이야기와 아폴로 프로그램을 보며 자랐지요. 그래서 60년대에 성장한 사람은 모두 첫 우주 비행사의 달 착륙을 보는 것만으로도 감개무량했습니다. 다른 세대가 보기에도 역사에 획을 긋는 사건이었으니까요. 하지만 어떤 이는 이를 믿지 않습니다. 달 착륙 사실을 미더워하지 않는 사람 중에는 제 친척과 지인도 있죠. 그들에게는 공상과학소설에 불과한 것입니다. 우리는 … 아니, 그것은 우리가 이룬 진보의 쾌거였습니다. 이에 매력을 느끼게 된 후로 더욱 심취하게 되었죠. 저는 미지의 존재를 둘러싼 이슈를 좋아합니다.

말씀드렸다시피, 그렇습니다. 저는 공상 과학 팬입니다. SF 대회에도 다녀온 적이 있죠. 설령 뉴스에 보도가 되더라도 그렇게 말씀드릴 겁니다. 이건 웃자고 하는 말씀입니다만, 저는 그래왔습니다. 그게 잘못은 아니니까요. 저는 체면치레는 하지 않습니다. 국방부는 … (거기서 일하는) 우리는 인격체이고, 미국인인 여러분과 똑같은 사람입니다. 호기심도 있고, 풀고 싶은 의문도 한둘이 아니라는 점을 보여주는 것이 중요하다고 봅니다. UAP의 정체가 무엇인지는 여러분 못지않게 저희도 무척이나 궁금합니다. 여러분은 저희에게 의문을 제기합니다. 제 가족은 물론이거니와 청문회 안팎에서도 밤낮없이 의문을 제기하죠. UAP의 정체를 파악하는 것이 중요하겠지만 무엇보다도, 그래야 하는 궁극적인 이유는 국방부의 인력과 조종사와 기지 및 시설의 안전을 보장해야 하기 때문일 것입니다. 인간이기 때문에 알고 싶어 하는 호기심은 다른 문제입니다. 지적 욕구는 싫증이 나는 법이 없죠.

카슨

감사합니다. 크로퍼드 님?

크로퍼드

멀트리 차관님, 체면치레는 안 하신다고요?(웃음) 아주 센 발언은 아니군요(웃음). 청문회에 참석해 주셔서 감사합니다. 거듭 감사의 말씀을 드립니다. 멀트리 차관님, 분위기를 살려주셔서 감사합니다. 민감한 작전지역에서 사물을 식별하지 못한다는 것은 첩보 기능이 마비되었다는 말과 같습니다. 그러면 참 곤란하겠지요. 이는 외계인이 탄 우주선을 찾는 것이 아니라 전술·작전·전술 영역을 아우르는 첩보 활동을 두고 하는 말입니다. 그렇다면 AIMSG는 첩보의 허점을 어떻게 방지할 수 있을까요?

예, 그 문제부터 말씀드리죠. 저희의 목표는 AOIMSG를 평소 업무, 이를테면 미지의 대상을 찾는 일과 통합하는 것입니다. 의원님, 모두발언에서 말씀하셨던 바와 같이 모든 영역을 아울러서 말이죠. 수십 년간 실시해온 일이 그렇습니다. 우주 공간과 우주 물체를 보고, 우주 기상[2]과 우주 현상뿐 아니라 대기 영역에 존재하는 것도 주시해왔습니다. 아시다시피, … 좀더 자세한 내용은 비공개 청문회에서 말씀드리겠습니다. 저희는 적국의 운영체제(플랫폼)와 개발 프로그램을 파악하는 데 안간힘을 썼습니다. 지상 영역도 예외는 아닐 것입니다. 물론 해양 혹은 해저 영역에도 적잖이 관심을 두고 있습니다.

영공에서 조종사나 탑승원이 마주친 물체를 센서가 발견하거나 감지한다면 저희가 확보한 일반 프로세스를 가동하여 미지의 대상을 식별할 것입니다. 아울러 정보 요구를 보장함으로써 발생 직후의 사건을 들여다볼 뿐 아니라, 과거로 거슬러 올라가 사건의 궁극적인 원인을 보고 "일찌감치 파악했어야 할 (기술적인 허점에 대해 드리는 말씀입니다) 개발 프로그램이 있진 않았을까요? 그렇다면 혹시 모를 적국이나 여타 개발 프로그램의 뒤를 추적하는 데 필요한 정보 요구는 어떻게 확보할 수 있을까요?"라며 문제를 제기할 수 있으면 좋겠습니다. 여기까지가 관련 제보를 일반화하고, 미지의 대상을 식별하는 일반 프로세스에 이를 적용하기 위한 것입니다.

---

2 태양풍이 지구의 자기장과 작용하면서 발생하는 심한 뇌우

크로퍼드

신뢰를 말씀하셨는데요, 저는 당국의 관계를 거론하는 것이 중요하다고 봅니다. … UAP 프로그램은 해군이 일을 주도하고 있습니다. 그렇다면 우주군 및 공군과는 어떻게 소통하며 신뢰를 쌓아갈 수 있을까요? 감지장치(센서) 등을 두고 하는 이야기입니다. 위원회뿐 아니라, 심지어는 공개된 매체에서도 흔히 볼 수 있는 이미지는 대부분 기술적인 정보 분석이 가능할 만큼의 해상도는 구현하기가 쉽지 않죠. 그렇다면 AOIMSG는 UAP 관련 데이터의 수효와 품질을 감당할 수 있을까요? 고품질 데이터를 수집하는 데 필요한 센서는 확보하셨습니까?

멀트리

센서의 성능을 살펴보고, 앞서 브레이 부국장이 보여준 동영상처럼 찍힌 물체들이 아주 찰나에 확보된 데이터인지를 파악하는 것도 저희의 업무입니다. 아울러 물체에 대한 정보를 제대로 수집하려면 센서 시스템의 보정도 필요할 것입니다. 최근 개발된 센서는 특정 물체를 감지할 수 있도록 보정이 돼 있는데 UAP의 속성과 규모 및 속도 등을 가진 대상을 감지하기 위한 보정 여부도 확인할 생각입니다. 데이터는 추출하여 시스템에 실시간으로 반영할 수 있는 표준화된 방식으로 저장해야 하므로 데이터를 입수하기까지 시간이 지연돼서는 안 될 것입니다.

그러나 목표는 모든 센서에서 얻을 수 있는, 신뢰도가 높은 정보를 확보하여 지상 센서에서 입수한 것과 이를 통합하는 것입니다. 어떤 운영체제(플랫폼)이든, 지상이나 혹은 다른 영역에 설치된 센서를 통해 얻은 정보는 무엇이든 합하여, 통합된 데이터를 확보할 수 있어야 할 것입니다. 앞서 말씀드렸듯이, 일반 첩보의 일환으로 추적하고 있는 미확인 물체 및 대상도 마찬가지겠지요.

크로퍼드

답변 감사합니다. 브레이 부국장님, 마지막 질문을 드리죠. 부국장님이 … 해군 조종사인데 UAP와 마주쳤다고 칩시다. 보고가 필요하다는 것을 직감했다면 어떤 절차를 밟아야 하는지 설명 부탁드립니다.

브레이

착륙 후 조종사는 일반적인 보고 청취의 일환으로 먼저 정보 장교에게 연락합니다. 이때 정보 장교는 그들에게 최초 정보 보존 절차를 일러줍니다. 데이터 보존을 두고 하는 말인데요, 기체에 탑재된 센서 데이터가 무엇이든 나중에 분석할 수 있도록 데이터를 보존한다는 것입니다.

둘째는 작전 지역을 비롯하여 작전 당시의 고도와 속도, 그들이 목격한 대상, 그리고 이를 기록한 센서 데이터의 종류 등이 수록된 양식을 작성합니다. 이 보고서는 두 곳에 제출됩니다. 한 곳은 작전부대가 대상을 인지할 수 있도록 작전 지휘부이고, 한 곳은 UAPTF입니다. 이 전담반은 데이터를 입수하여 이를 데이터베이스에 추가합니다. 보고서에 애매한 점이 있으면 조종사를 호출하여 보강 질문도 자주 합니다. 해당 정보를 데이터베이스에 추가하는 이유는 기존의 목격담과 비교하기 위해서일 텐데요, 이를테면 목격 위치와 고도를 비롯하여, UAP의 형태와 속도, 그리고 전파 감지 여부 등을 비교합니다. 결론을 도출해내는 데 필요한 정보는 하나도 빼놓지 않습니다.

크로퍼드
감사합니다. 위원장님, 발언하시죠.

카슨
예, 그럼 쉬프 위원장님?

쉬프
감사합니다. 브레이 국장님, 항공기 창밖을 촬영한 첫 번째 영상을 다시 틀어주시겠습니까? 실례가 되지 않는다면, 스크린 앞에 올라서서 영상을 설명해 주십시오. 첫 영상의 내용보다는 유심히 봐야 하는 대상만 짚어주시기 바랍니다.

브레이
예, 알겠습니다. 알렉시, 영상을 재생하면 제가 멈춰달라고 하겠습니다.

쉬프
화면에 보이는 것이 민항기 창밖인가요? 맞나요?

브레이
F-18 해군 전투기 밖입니다.

쉬프
그렇군요.

브레이
분석이 쉽지 않다는 것을 잘 보여주는 대목이죠. 알렉시, 좀 더 앞
으로 가주세요. 여기서 보시면 … 정확한 프레임에서 살짝 눈에 띌
겁니다. 여깁니다. 바로 여기서 전투기 옆을 지나치죠.

쉬프
화면에 보이나요?

브레이

예 …

쉬프

물체를 다시 짚어주시겠습니까? 화면을 정지시켜 주시죠.

브레이

이건 아니고요.

쉬프

그것도 아니죠.

브레이

이쯤에서 보일 텐데요. 아니요, 살짝 뒤로 돌려주세요. 둥근 물체가
보일 겁니다. 창 옆으로 쌩하고 지나가죠. 예, 여깁니다. 혹시 보셨
습니까? 정확한 타이밍을 맞추기가 꽤나 어렵네요.

쉬프

그렇군요.

브레이

아시다시피, 좀 어렵습니다. … 작업용 노트북이 문제인 것 같은데
요, 해당 장면을 찾기가 생각만큼 쉽지 않네요.

쉬프

그럼, 순식간에 지나간 게 어떻게 생겼는지 설명해 주시겠습니까? 어떤 걸 주목해서 봐야 할까요?

브레이

지금 보고 계시는 것은 미 해군 훈련장에서 작전 중인 전투기입니다. 이 지역에서 둥근 형태의 물체가 목격되었습니다. 물체가 옆을 지나가는 순간 동영상이 찍힌 겁니다. 보시면 … 동영상을 보시면 빛이 반사되는 것처럼 보이는데요, 반사광이 눈에 띄자마자 조종석 옆을 순식간에 지나갑니다.

쉬프

우리가 설명할 수 없는 현상 중 하나입니까?

브레이

이 물체를 구체적으로 특정해야 한다면 딱히 설명할 순 없을 겁니다.

쉬프

우리가 찾고 있던 바로 그 물체가 현장에 나타난 상황인 거죠? 감사합니다. 조종사도 목격했고 전투기에 탑재된 장치에도 기록되었다는 이야기지요?

브레이

다중센서 부분the multi-sensor part은 다음에 말씀드리겠습니다만 적어도 이 사례는 그렇습니다.

쉬프

2021년 국가정보국이 발표한 기밀해제 보고서에 따르면, 국가정보국장실은 2004년에서 2021년까지 UAP를 144건 보고했고, 그중 80퍼센트는 다중장치에 기록되었다고 합니다. 여기서 장치라면 UAP를 목격한 조종사가 될 수도 있는데 실제로 목격했다면 다중장치가 확보된 셈이지요. 이때 센서는 세 가지가 될 겁니다. 인간의 오감과, 물체를 감지하는 두 개의 기술적인 센서겠지요. 맞습니까?

쉬프

작년에 공개된 보고서에 기록된 대다수 사건은 다중센서 데이터로 보관 중입니다. 현재 확보하고 있는 400건의 보고서를 거론할라치면 이 수치(다중센서 데이터)는 분명 낮아질 겁니다. 신규 보고서 중 상당수는 실제로 의미심장한 것이긴 하나, 서술에 근거를 둔 것이라 다중센서 데이터의 비율은 감소한다는 것이죠. '관종'이라며 낙인을 찍지 않으려는 분위기가 조성됨에 따라 서술 형태의 보고가 늘었기 때문입니다.

쉬프

아까 보려던 물체가 저것이죠? 그렇죠?

브레이

예, 그렇습니다.

쉬프

알겠습니다. 작년에 발표된 보고서를 보니 144건 중 18건이 비행하는 모양새가 특이하다거나 첨단 기술을 보여주는 것 같은데, 그중 일부는 바람이 부는 와중에도 공중에 정지해 있다거나 바람을 거슬러 움직인다거나[3], 갑작스럽게 방향을 꺾는다거나[4] 혹은 뚜렷한 추진체도 없이 상당한 속도로 비행했다[5]고 합니다. 아주 신기한 일인데요. 청문회에서 이 질의에 답을 할 수 있을지는 모르겠습니다만, 추진체가 없어 보이는 물체를 조종할 수 있는 적을 우리가 이미 파악하고 있다고 봐도 무방할까요?

브레이

식별이 가능한 추진 수단이 없다면, 당국이 파악하기로는 뚜렷한 추진체가 없는 물체를 움직일 수 있는 적은 없습니다. 그렇다면 추진체를 식별할 수 없는 물체를 보고한 다수의 사례에서 제기되는 문제는 추진체를 숨기는 센서 장치일 공산이 크다는 것인데

---

3   이런 UAP의 운행 특성은 2015년 1월에 플로리다 해안 인근 대서양에 머무르고 있던 항공모함 테어도어 루스벨트 선상에서 해군 조종사에 의해 적외선 센서로 촬영된 GIMBAL 이라고 명명된 동영상에서 확인 가능하다. 이 동영상은 아래와 같은 미 해군 공중 시스템 사령부Naval Air Systems Command의 웹 사이트에서 볼 수 있다.
    https://www.navair.navy.mil/foia/sites/g/files/jejdrs566/
    files/2020-04/2%20-%20GIMBAL.wmv

4   이런 UAP의 운행 특성은 2015년 1월에 플로리다 해안 인근 대서양에 머무르고 있던 항공모함 테어도어 루스벨트 선상에서 해군 조종사에 의해 적외선 센서로 촬영된 GOFAST 라고 명명된 동영상에서 확인 가능하다. 이 동영상은 아래와 같은 미 해군 공중 시스템 사령부의 웹 사이트에서 볼 수 있다.
    https://www.navair.navy.mil/foia/sites/g/files/jejdrs566/
    files/2020-04/3%20-%20GOFAST.wmv

5   이런 UAP의 운행 특성은 2004년 11월에 샌 디에고 해안 인근 대서양에서 항공모함 니미츠 요격 그룹에서 훈련 중이던 해군 조종사에 의해 적외선 센서로 촬영된 FLIR이라고 명명된 동영상에서 확인 가능하다. 이 동영상은 아래와 같은 미 해군 공중 시스템 사령부의 웹 사이트에서 볼 수 있다.
    https://www.navair.navy.mil/foia/sites/g/files/jejdrs566/
    files/2020-04/1%20-%20FLIR.mp4

요, UAP 현상에서 목격된 '시그니처 매니지먼트(signature management, 일종의 스텔스 기능-옮긴이)'로 보이는 무언가가 어느 정도는 작용한 것이 분명합니다. 하지만 주의가 필요합니다. 당국이 해명할 수 없는 사건도 비일비재하니까요. 소수이긴 하지만 데이터만으로는 설명이 불가한 비행 특성이나 시그니처 매니지먼트도 존재합니다.

흥미를 자극하는 소재라는 점은 분명한 사실입니다. 얼마 전, 기술적인 돌발사태surprise를 피하는 방편에 대해 질문을 받았을 때, 기술적인 돌발사태를 피할 수 있는 최선은 이런 데이터를 수집하는 것이고, 무엇보다도, 분석 결과를 통해 유추해낸 가설을 수정해 나가는 것입니다. UAPTF 내에서 통용되는 한 가지 기초적인 가정은, 일반적으로 말하자면, 대개 … 센서는 설계된 대로 (하자 없이) 작동한다는 것입니다. 이런 가정이 나오게 된 까닭은 데이터가 다중센서로 수집된 사례가 많기 때문입니다. 애당초 이런저런 현상의 기원을 두고는 어떤 가정도 세우지 않으며, 우리는 이해할 수 없는 기술이 존재한다거나, 존재하지 않을 수 있다는 추정도 내리지 않습니다. 이 같은 추정을 조정해 나가는 것이 기술적인 돌발상황을 피할 수 있는 열쇠라 생각합니다.

쉬프

끝으로, 작은 삼각형 모양의 물체가 찍힌 두 번째 영상 이야기를 해보죠. 상업용 드론으로 추정된다는 설이 있는데 야간 투시경을 써서 삼각형으로 보인다는 것은 작전 요원의 분석인가요?

브레이

일종의 드론입니다. 무인 항공기라고 할 수 있죠. 쉽게 말하자면, 광원이 야간 투시경을 통과해 SLR 카메라로 입사하면서 삼각형으로 보이는 것입니다.

쉬프

그렇다면 드론을 날려서 관찰해보셨나요? 추정도 입증하고, 같은 기법을 써서 이 현상을 재현해낼 수 있는지 확인도 해야 하니까요.

브레이

UAP 전담반은 그렇게 실험한 연구 결과를 이미 파악하고 있습니다.

쉬프

알겠습니다. 감사합니다. 위원장님, 발언권을 넘기겠습니다.

카슨

예, 그럼 웬스트럽 박사님이 발언하시죠.

브래드 웬스트럽

감사합니다. 위원장님. 참석해 주신 모든 분께 감사드립니다. 첫 번째 질문입니다. 정지한 상태에서 UAP를 목격한 적이 있었나요? 아니면, 이동 중인 항공기나 함대에서 "UAP를 봤다"는 보고가 전부인가요? 정지한 상태에서 무언가를 목격했다는 보고가 있었나요?

브레이

UAP 전담반에는 정찰대가 정지한 상태에서 목격했다는 보고서도 있습니다.

웬스트럽

그렇군요. 이동하는 와중에는 물체가 달리 보이기도 하니까요. ···. 물리학적으로 그렇죠?

브레이

맞습니다.

웬스트럽

그래서 드린 질문이었고요. 우리가 고체든 기체든, 대상의 구성원을 밝히거나 파악할 능력이 있을까요? 이것이 가능한 신기술을 확보했다거나, 혹은 누군가가 이를 이루어낸 적이 있나요? 이게 당국의 역량으로 가능한 일일까요?

브레이

음 ···

웬스트럽

제 질문은 그저 ···

브레이

일부 결과를 말씀드리자면, 대다수는 분명 ··· 분명히 목격 사례 중 다수는 저희가 보유하고 있는 센서 데이터에 포착된 '물리적인 실체physical object'였습니다.

웬스트럽

음 …, 기체도 물리적인 실체죠. 그렇게 볼 수도 있는 것 아니겠습니까. 제가 이걸 어떻게 생각하는지 아시겠어요? 화면에 나온 저것이 무엇인지 밝히려는 것인데 어떤 대상이 고체인지 기체인지, 상태를 파악할 수 있다면 … 그것의 기능을 두고도 결론을 낼 수 있지 않겠습니까? 이를테면, 180도나 90도로 회전하는 움직임을 보인다거나, 우리가 판단할 수 있는 어떤 기능 말입니다.

브레이

재차 말씀드리지만 … UAP 현상을 두고는 하나로 똑 부러지는 설명은 없습니다. … 미확인 현상 중에는 상이한 점이 많이 있거든요.

웬스트럽

대개는 실제로 알고 있는 건 많지가 않죠. 제가 지적하고 싶은 게 그겁니다. 그나마 다행스러운 사실은 군사 당국의 프로토콜이 있다는 것인데, 비군사 부문에도 유사한 현상에 대한 보고 규정이 있을까요? 혹시 군 당국의 보고가 전부인가요?

브레이

UAP 전담반은 미 연방항공국FAA과 매우 돈독한 공조 관계를 유지하고 있습니다. 그 외의 다른 정부 부처와도 훌륭한 공조 관계를 유지하고 있기 때문에 그들을 통해서 보고서를 입수키도 합니다.

웬스트럽

비군사적으로도 보고가 이루어지고 있다는 이야기죠?

브레이

그렇습니다.

웬스트럽

감사합니다. 그렇다면 연방항공국 등의 기관을 통해 민간인도 보고할 수 있는 규정이 필요하지 않을까요? 그럼 도움이 될 거라고 보십니까?

브레이

당연한 말씀입니다. 체계적인 보고 규정은 UAP의 실체를 규명하는 데 큰 보탬이 될 것입니다.

웬스트럽

저도 그것이 중요하다고 봅니다. UAP를 목격하고 이를 보고한 사람이 미국에만 있진 않겠지요, 그렇죠?

브레이

예, 맞습니다.

웬스트럽

모두가 동맹국 사람인가요? 혹시 적대국에도 있던가요? 공개적으로는 어디까지 밝혀졌습니까?

멀트리

박사님, 그 건은 비공개 청문회에서 다루겠습니다.

웬스트럽

에, 그럼 다음 질문으로 넘어가죠. 공식적으로, 그러니까 다른 국가도 비공개로 간주할 필요가 없는 기관을 창설한 적이 있습니까? 저쪽 말을 곧이곧대로 하진 마시고요.

브레이

동맹국도 목격했다고 합니다. 중국도 자국 나름의 UAP 전담반을 두고 있는데요, 수많은 국가가 딱히 규명할 수 없는 무언가를 목격했다는 것은 분명한 사실입니다.

웬스트럽

그럼 우리는 일부 국가와 정보를 교환하고 있습니까? 혹시 모든 국가와 정보를 공유하고 있진 않나요?

브레이

몇몇 국가와 정보를 교환하고 있습니다.

웬스트럽

공개적으로 UAP를 보고해온 모든 국가와 정보를 교환할 필요는 없겠지요?

브레이

예, 그렇습니다.

웬스트럽

예, 이것이 중요한 대목이라고 봅니다. 지금은 다루지 않고 비공개 청문회에서 논의할 것인데 그 이유는 이런 UAP가 국가안보를 저해할 수 있기 때문입니다. 의심할 여지가 없는 이야기지요. 적국이 획기적인 기술로 개발한 것이라면 미국의 군사작전을 와해시키거나 적어도 피해를 줄 것은 자명한 사실입니다. 노파심에서 드리는 말씀이지만, 데이터를 공유하는 국가를 예의주시하십시오. 아울러 해외 당국이 가지고 있는 데이터를 무조건 신뢰해서는 안 될 것입니다. 그럼 이쯤에서 발언을 마치겠습니다.

카슨

예, 그럼 하임스 의원이 발언하시죠.

짐 하임스

감사합니다, 위원장님. 공개 청문회의 목표 중 하나는 UAP를 보고했다는 이유로 남녀 군인에게 붙어 다니는 오명을 씻어내는 데 있습니다. 이는 매우 심각한 문제가 아닐 수 없습니다. 적국 중 하나가 우리는 모르는 신기술을 개발했다면 일찌감치 이를 파악해야 하는데, 군 당국 모두가 '관종' 소리를 들어야 한다는 생각에 보고를 쉬쉬한다면 국가안보가 위협을 받을 것입니다. 목표를 위해 두 가지 문제를 제기하고자 합니다. 첫 번째는 위원장께서 동영상을 다시 돌려보라고 하셨는데요, 사람들은 대개 차량이라든가 보도에서 무언가를 목격하곤 합니다. 마하 1.5의 속도에서 야간 투시경을 통해 대상을 관찰하는 사람은 극소수에 불과하죠. 그렇다면 여러분이 누구든 간에, 걸어 다니거나 차를 운전하는 사람 대다수가 목격하는 것과, 3차원 공간에서 고속으로 목격하는 것은 얼마나 크게 다를까요?

브레이

먼저 주목해야 할 점은 여러분이 고속으로 이동할 때, 어떤 물체가 여러분과 정지된 지점, 이를테면 지상 사이에 있다면 물체의 속도를 두고는 시각차가 천차만별일 것입니다. UAP에 대해 많은 정보를 수집할 때 서술에 기반한 데이터가 안고 있는 취약점이 바로 그것이죠. 그래서 센서 데이터가 매우 중요한 겁니다. 아까 화면에서도 보셨다시피, 물체가 아주 순식간에 나타나거든요. 속도가 매우 빠를 때도 있지만 서서히 움직일 때도 더러 있습니다. 아까 그 전투기는 빠른 속도로 비행했지만 물체의 속도는 아주 느리지 않나 싶습니다.

하임스

제 요점은 육안으로 뭔가를 봤다거나, 적외선 등의 전자장비로 관측한 것이 일반인의 경험과는 아주 다르다는 것입니다. 이를테면, 항공모함에 탑재된 장치 같은 것도 2차원으로 상을 보는 데 익숙한 사람들에게는 아주 예사롭지 않은 이미지를 만든다는 것이죠.

브레이 부국장님, 두 번째 질문은 이렇습니다. 앞서 말씀하신 것을 좀더 듣고 싶은데요, UAP 중 상당수는 설명이 안 된다고 하셨죠. 억측과 음모론을 불식시키자는 차원에서 드리는 말씀입니다. 설명이 불가하다는 말은 안개가 자욱한 밤에 거리가 먼 대상을 육안으로 목격할 때도 그 정체를 설명할 순 없지만, 이는 확인이 불가한 유기체에도 해당되는 말입니다. 우리와는 근본적으로 다른 세계를 두고 하는 말입니다.

그러니 설명할 수 없다는 말씀에 대해, '설명이 불가하다'의 범위를 국민들에게 좀 더 쉽게 말씀해주십시오. 유기물이든 무기물이든, 우리가 아직 인지하지 못했던 물질일까요? 빛이나 적외선이 아닌 다른 매체가 방출된 것, 즉 통신으로 봄직한 것을 포착하진 않았을까요? "설명할 수 없다"는 말씀의 뜻을 밝혀주십시오.

브레이

예, 알겠습니다. 저희가 설명할 수 없다고 말한 것은 앞서 보여드린 동영상 같은 정보는 많지만, 합리적인 추론을 도출해낼 만한 데이터가 크게 부족한 경우를 말합니다. 상대적으로 데이터를 많이 수집한 사례는 아주 적기 때문에 사건의 정황을 완벽히 정리할 수가 없었던 것이죠. 우리가 전혀 예상치 못했던 비행 특성이나 시그니처 매니지먼트를 암시하는 사례가 그렇습니다.

아울러 물질에 대해 말씀드리자면, UAPTF가 지구밖에 기원을 둔 것을 암시하는 물질이나 방사물을 감지한 적은 없습니다. 따라서 설명할 수 없다는 말은 데이터가 너무 부족하다거나, 이 데이터로는 이렇다 할 실체를 규명할 수가 없다는 뜻입니다. 물론 저희는 데이터를 충실히 조사할 것입니다. "UAP는 이것이다, 혹은 이것은 아니다" 같은 가설을 내놓은 적은 없습니다. 저희는 데이터를 파악하는 데 최선을 다하고 있으며 어떤 결과가 나오더라도 데이터에 근거할 방침입니다.

하임스

감사합니다. 이해하는 데 많은 도움이 되었습니다. 그러니까 강조해둘 점이 있다는 거군요. 설명이 불가하다, 혹은 설명할 수 없는 것은 모두 데이터라는 범주 안에서 그렇다는 이야기죠, 그렇죠? 데이터는 센서나 육안으로 목격한 자료를 말하는 것이겠고요. "설명 불가"는 데이터라는 범주 안에서 성립된다는 것이죠.

브레이

맞습니다. 2000년대 초에 나온 서술형 보고서에 든 정보가 적더라도 데이터베이스에는 기록이 될 겁니다. 다만 미결로 남겠지요.

멀트리

부족한 데이터에 대해 덧붙이고 싶은 말씀은, 그 점이 저희가 봉착한 문제 중 하나라는 겁니다. 이를테면, 출몰 사건 자체나 물체, 혹은 당시 공중에서 무언가를 포착한 조직이나 기관과의 연계plugin를 두고는 데이터가 충분치 않다는 것입니다. 저희가 숱한 사례에서 마주친 문제는 바로 데이터였습니다.

하임스

잘 알겠습니다. 감사합니다. 제 발언은 여기까지입니다.

카슨

예, 갤라거 의원님, 발언하시죠.

마이크 갤라거

감사합니다. 위원장님, 청문회에 참석할 수 있게 해주셔서 감사합니다. 목격자의 증언이 중요하다는 점, 십분 공감합니다. 멀트리 차관님, 앞서 위원장님께서 말씀하셨듯이 국방부는 1960년대 당시 이른바 '프로젝트 블루북Project BLUEBOOK'이라는 미확인비행물체UFO 연구 프로그램을 운용하고 있었습니다. 브리핑이나 다른 자료를 보면 비교적 최근에 도입된 프로젝트, 예컨대 고등항공우주위협식별프로그램(Advanced Aerospace Threat Identification Program, AATIP)에 대해서도 설명이 잘 나와 있는데요. '프로젝트 블루북'이 해체된 후부터 AATIP 개시 전까지 국방부나 계약업체가 관리했던 프로그램을 설명해 주시겠습니까? 프로젝트 블루북 이전에도 무슨 프로그램이 있었나요?

멀트리

프로젝트 블루북 보다 앞선 프로그램에 대해선 말할 수 없습니다.[6] 물론 로스웰을 비롯하여, 사람들 사이에서 수년간 회자된 사건이 없었던 것은 아니었지만요. 저는 공식적으로는 프로젝트 블루북이 더 친숙합니다. AATIP도 그렇고요. 국방부가 그 외에 다른 프로그램을 실시했다는 기록은 없습니다.

갤라거

블루북과 AATIP 사이에 설치된 프로그램은 모르신다는 말씀이죠?

6　멀트리 차관이 1948년부터 시작된 UFO 관련 미 공군 프로그램에 대해 충분히 숙지하지 않고 청문회장에 나온 것으로 보인다. 프로젝트 블루북(1952-1969) 이전에 프로젝트 사인 (1948-1949)과 프로젝트 그러지(1949-1951)라는 프로그램이 운용되었다.

멀트리

둘 사이에 실시한 공식 프로그램은 모릅니다. 확인한 적이 없습니다.

갤라거

좋습니다. 그렇다면, 국방부나 계약업체에서 가동한 것 중, 기술공학적인 관점에서 UAP에 집중하는 프로그램은 없습니까? 그러니까, 개별적인 사례에 집중하지 않고 기술공학이라는 관점에 주안점을 둔 기술 프로그램은 없느냐는 겁니다.

멀트리

해군 전담반에서 가동 중이거나, 이제 막 개시한 것을 제외한 프로그램은 없다고 봅니다.

갤라거

브레이 부국장님께도 같은 질문을 드립니다.

브레이

저도 같은 생각입니다. UAP 전담반에서 실시하고 있는 프로그램 외에는 아는 바가 없습니다.

갤라거

오늘 말씀드린 것 외에, 기술공학적인 프로그램은 모르신다는 말씀으로 이해해도 되겠지요?

멀트리

예, 제가 아는 한, 관련 프로그램은 없습니다. 덧붙이자면 …

갤라거

말씀하시죠.

멀트리

예, 이렇게 설명드리죠. 비공식적으로 무엇을 연구하고 있는지는 밝힐 수가 없습니다. 혹자는 "뭔가를 보고 있기는 한데 확인은 안 된 것"이라고 하죠. 그것을 말씀드리긴 곤란하고요. 확보된 기록에 있는 공식적인 프로그램에 대해서만 말씀드릴 뿐입니다.

갤라거

육안으로 목격된 UAP가 민감한 군사 시설, 이를테면 사격장과 막사 쪽으로 다가와 그 위로 날아갔다는 보고가 있는데요. 이곳이 전략핵부대strategic nuclear forces라더군요. 그리고 맘스트롬 공군기지 현장에서는 핵 ICBM 10기가 작동하지 않았고, 붉게 작열하는 구체가 상공에서 포착되었다고 합니다. 저는 보고서의 정확성에 대한 코멘트가 아니라, 이 사건을 파악하고 있었는지, 보고서의 정확성은 어느 정도인지 여러분의 고견을 청하고 싶은 겁니다.

멀트리

브레이 부국장님이 답변하시죠. UAP를 지난 3년간 지켜보셨으니까요.

브레이

그 데이터는 UAP 전담반이 보유한 데이터베이스에는 없습니다.

갤라거

그렇군요. 그 보고서는 알고 계셨나요? 데이터가 존재하긴 하나요?

브레이

사건은 들어봤습니다만, 그에 대한 공식 데이터는 본 적이 없습니다.

갤라거

비공식적인 데이터는 알고 있지만 …, 맘스트롬 사건에 대해 알고 있는 바는 국방부 내에서 공식적인 분석을 하진 않았다는 것이군요?

브레이

제 기억으로는 UAPTF에서 해당 데이터를 본 적은 없습니다.[7]

갤라거

음, 세상에 널리 알려졌던 사건인데요. 제가 이 방면에 전문가는 아니지만, 공중에 뭔가가 존재한다는데 말이죠. 전담반이 이를 조사하잖습니까, 달리 누가 조사하겠습니까?

멀트리

공식적으로 주목을 끌었다면 저희가 살펴봤을 텐데요. 사실 같은

---

7 AATIP는 별칭으로 원래 공식명칭은 AAWSAP(Advanced Aerospace Weapon System Applications Program, 첨단 우주항공 무기체계 응용 프로그램)이었다. 이 프로그램을 운용하면서 AFOSI-SP(Air Force Office of Special Investigations-Special Projects, 공군 특수조사실 특수 프로젝트팀)과 정보를 공유했는데 여기에 맘스트롬 공군기지 사건이 포함되어 있었다. UAPTF가 AAWSAP의 자료들을 확보했다면 분명히 이 사건에 대한 기록이 있었을 것이다.

하늘에 있다 해도 공식적으로는 주목을 받지 못한 사례가 수두룩합니다.

갤라거
그렇다면 공식적으로 주목을 받는다는 건 어떤 경우를 두고 하는 말일까요? 지금 주목하게 해 드렸잖아요.

멀트리
물론 그렇죠.

갤라거
그럼 공식적인 것 아닌가요.

멀트리
예, 공식적인 거라면 저희가 다시 살펴보겠지요. 하지만 대개는 UAP가 출몰했다는 사실을 증언할, 신빙성 있는 인물이 확보돼 있습니다. 언론이 "지금 이곳에 나타났다"고 밝힌 대상을 추적하려면 추가적으로 알아내야할 단서가 많을 텐데요, 지금으로서는 단서가 없을 듯합니다.

갤라거
제가 그다지 신빙성이 있다고 자부할 순 없지만, 그럴 가치가 있으니 전담반이 조사하면 좋을 듯합니다만.

멀트리

그러죠.

갤라거

그냥 없었던 이야기로 하고, "재원을 낭비할 가치가 없다"고 해도 됩니다. 별다른 이유가 없어도 말이죠.

멀트리

예 알겠습니다.

갤라거

그럼 끝으로, 2019년경에 공개된 소위 '윌슨 제독의 메모'로 통하는 'EW 노트 메모'가[8] 담긴 기록은 알고 계시나요?

멀트리

모릅니다.

갤라거

모른다고요?

멀트리

부국장님은 혹시 아시나요?

---

8 이 메모는 아래 웹 사이트에서 볼 수 있다.
https://www.congress.gov/117/meeting/house/114761/documents/HHRG-117-IG05-20220517-SD001.pdf

브레이

아뇨, 저도 모릅니다.

갤라거

그렇군요. 이 문건은 재차 말하지만, 굳이 정확성을 따지려는 것은 아닙니다. 단지 정확성을 판단할 수 있도록 도와주십사 드리는 말씀입니다. 전 국방정보국DIA 국장은 에릭 윌슨 박사와의 대화에서, 접근을 시도했지만 거부당했던 특정 업체, 혹은 국방부 프로그램에 대해 알게 되었다고 주장했는데요. 혹시 모르고 계셨나요?

멀트리

잘 모르겠습니다. 의원님.

갤라거

10초 정도 남았는데요. 위원장님, (문건을 들어 위원장에게 보인다) 이 문건을 속기록에 첨부할 수 있도록 만장일치로 동의해 주시겠습니까?

카슨

허락합니다.

갤라거

감사합니다. 위원장님. 감사합니다.

카슨

라자 크리슈나무르티님, 발언하시죠.

라자 크리슈나무르티

감사합니다. 위원장님, 오늘 청문회에 참석해 주시고 공무에 헌신하시는 여러분께 감사드립니다. 질의하겠습니다. UAP와 미국 자산 assets이 서로 충돌한 적은 없지요, 그렇죠?

브레이

충돌한 적은 없습니다. 하지만 최소 11건은 거의 부딪칠 뻔 했습니다.

크리슈나무르티

그 11건이나 근접했다는 사례를 좀 더 이야기해보죠. 제가 틀렸다면 지적해 주시기 바랍니다. 우리가 포착한 물체로부터 일종의 교신 시도라든가 … 통신 신호가 감지되진 않았다는 이야기죠, 그렇죠?

브레이

맞습니다.

크리슈나무르티

그럼 우리 측은 교신을 시도했습니까?

브레이

아닙니다.

크리슈나무르티

이를테면, "신원을 밝혀라. 너희는 미국 영공을 침범했다" 같은 경고도 하지 않았다는 말인가요? 그런 메시지를 보낸 적은 없다는 것이군요?

크리슈나무르티

경고 같은 건 하지 않았습니다. 일반적으로는, 이를테면, 앞서 보여드린 동영상에 등장하는 물체는 탑승자 없이, 물론 틀릴 수도 있겠지만 제3자가 조종하는 비행체인 듯했습니다. 그래서 교신을 시도하지 않은 겁니다.

크리슈나무르티

좋습니다. 그럼 UAP를 향해 발포한 적도 없으시죠? 맞습니까?

브레이

예, 맞습니다.

크리슈나무르티

잔해는 어떤가요? 부국장님이 조사해온 물체의 잔해를 확보한 적은 있습니까?

브레이

UAP 전담반은 설명이 불가하다거나, 지구에 기원을 둔 것과 일치하지 않는 잔해를 확보한 적은 없습니다.

크리슈나무르티

바다나 대양에 있다거나, 수면 아래에 있는 UAP를 감지할 수중 센서는 보유하고 있습니까?[9]

멀트리

그건 비공개 청문회에서 다루는 편이 더 나을 듯싶습니다.

크리슈나무르티

알겠습니다. 매우 중요한 질문입니다. 이야기를 하다 보면 개연성 probability을 많이 꺼내는데요, 이를테면 "아마 물체라는 점을 암시할 것이다"라고 말이죠. 혹시 UAP가 물체임을 단정할 수 없기 때문에 '아마'라고 하시는 건가요?

브레이

전담반 보고서에서 제가 "아마도 물체라는 점을 암시할 것"이라고 했다면 대다수는 물체를 암시한다는 뜻일 겁니다. 기상현상을 비롯하여 범위가 넓으므로 대부분이 그렇듯, 손으로 만질 수 있는 무언가를 염두에 두고 있다면 물체가 아닐 수도 있습니다.

크리슈나무르티

그럼 개연성을 배제하고 "대개는 물체를 암시한다"고 하면 물체가 100퍼센트 확실하다고 말할 수 있는 건가요?

---

9 2004년 틱-택 사건 때 출격한 조종사들은 해수면 밑에 존재하는 거대한 둥근 물체의 존재를 인지했다. 그리고 이 사실은 '항공모함 니미츠 요격 그룹'에 속한 순양함의 소나sonar에도 포착되었을 것으로 본다. 실제로 AATIP는 미 해군 소나 오퍼레이터sonar operator에 의해 포착된 틱-택의 바다 속 움직임에 대한 정보를 갖고 있었다고 한다. 그리고 이를 바탕으로 시뮬레이션을 해서 그것이 당시 핵 잠수함 속도의 2배에 해당하는 70노트의 속도로 바닷 속에서 이동했다는 사실을 확인했다고 한다. James T. Lacatski, Colm A. Kelleher, and George Knapp, Skinwalkers at the Pentagon, RTMA, LLC, 2021, p.119.

브레이

수많은 경우, 물체가 확실하다고 볼 수 있습니다.

크리슈나무르티

물체가 아닌 대상도 배제할 순 없다는 뜻이죠?

브레이

분명 센서 이상이나 그와 비슷한 것일 수도 있습니다.

크리슈나무르티

그럼, UAP와 관련하여, 지금까지는 훈련지역에서 출몰하는 UAP에 대해 이야기를 나눴는데요, 센서 상쇄sensor bias가 다소 있으니 훈련지역에는 여러 센서를 설치해야 한다고 봅니다. 그럼 비훈련지역에서는 공유정보open source라든가 민간인 등이 추적해 온 것도 조사합니까? 비훈련지역과 훈련지역에서 각각 목격된 것이 서로 유사하던가요?

브레이

UAP 전담반은 통제가 확실한 데이터를 바탕으로 한 연구에 최선을 다하고 있습니다. 이를 위해 연방항공국과 파트너십을 체결했고 당국의 보고도 받고 있습니다. 하지만 공유정보 보고나, UAP를 목격했다는 진술은 저희 데이터베이스에 등록되지 않습니다.

크리슈나무르티

기본적으로 연방항공국과는 상당히 끈끈한 파트너십을 맺고 있는 것 같군요. 그럼 연방항공국을 제외하면 UAP를 추적하는 기관이나 여타 부처와는 파트너십을 체결하지 않았다는 이야기인가요? 데이터를 서로 비교하려면 이를 좀더 늘려야 할 텐데 말이죠.

멀트리

그렇게 할 생각입니다. 차기 목표는 당국이 포착한 UAP를 파악할 수 있도록 다른 정부 및 관계부처와의 파트너십을 확대해 나갈 예정입니다. 각 데이터의 상관관계를 입증하여 이를 규명해 나가면 좋겠습니다.

크리슈나무르티

말을 끊어서 죄송합니다만, 훈련지역에서 출몰하는 UAP는 타 지역의 것을 분석하지 않으면 편향된 시각을 가질 법도 할 텐데요. 그럼 마지막 질문 드리겠습니다. UAP를 몇 차례고 맞닥뜨리셨는데 혹시 그 덕분에 공격·방어력이나, 혹은 센서의 성능을 개발하는 데 진전이 있진 않았나요?

브레이

그 점은 비공개 청문회에서 다루면 좋겠습니다.

크리슈나무르티

알겠습니다. 감사합니다.

카슨

라후드 님, 발언하시죠.

대린 라후드

감사합니다, 위원장님. 오늘 참석해 주신 증인께도 감사드립니다. UAP라는 주제는 금일 개최된 청문회를 궁금해 하는 사람들에게 큰 관심을 끌었으리라 생각합니다. UAP 분야에 입문했다는 소위 '아마추어' 동호회도 상당히 많을 텐데요. 근거가 없거나 날조된 주장이나, 혹은 거짓 정보가 입수된다면 이를 자행한 개인이나 동호회는 어떤 처벌을 받게 될까요?

멀트리

저희가 우려하는 사항 중 하나는 수많은 개인과 단체가 제 잇속만 차리는 듯한 정보를 남발하고 다닌다는 것입니다. 당국은 첫째, 국방부에 최선이요, 둘째는 국민에 최선인 임무를 수행하고 있습니다. 사실에 근거한 정보를 핵심 주류 언론에 제공할 수 있어야 국민이 UAP의 정체를 제대로 이해할 수 있을 것입니다.

이것이 중요한 까닭은 지금까지 본 청문회에서 밝혀온 바와 같이, 첫째는 자연현상은 무엇이며, 둘째는 감각현상, 즉, 감각에 의해 발생한 사건은 무엇이며, 아군의 기지나 시설에 대한 방첩위협이나 안보위협은 무엇인지 파악하기 위해 노력 중이기 때문입니다. 당국에 배정된 재원을 엉뚱한 곳에 쓰게 하고 허상을 좇게 만드는 것은 전혀 도움이 되지 않을 것입니다. 그들은 의회와 국민이 가진 믿음, 이를테면, UAP의 근본적인 원인을 규명하고 이를 보고하며, 국가안보 당국에 전파함으로써 국민과 동맹국을 보호하고 있다는 확신을 저해할 것입니다. 분명 피해와 손해가 막심하겠지만, 좀 더 많은 정보를 확보한다면 거짓 진술의 여파는 수그러들기 시작할 것입니다.

라후드

한 가지 더 질문드리겠습니다. 그런 잘못된 정보와 거짓 진술, 혹은 날조된 정보는 어떤 대가를 치르게 됩니까? 법적인 처벌을 받습니까? 실제로 처벌을 받은 사례가 있나요? 날조된 정보나 오보로 책임을 물은 사례가 있다면 말씀 부탁드리겠습니다.

멀트리

거짓 정보 유포로 법적인 처벌을 받은 사례는 없습니다. 하지만 …

라후드

그럼 허위 정보를 유포하는 자들은 무엇으로 막죠?

멀트리

글쎄요. 해결책은 딱히 없습니다. 다만 의회와 소통하고, 입법을 추진하는 의원들과 논의하면서 혹시라도 거짓 정보를 흘린 사람에 대해 활용할 수 있는 법적 조치는 무엇일지 이야기하면 좋겠습니다. 대상이 시민이든, 어떤 세력이나 국가가 국내 언론에 퍼뜨린 정보든 말이죠.

라후드

국방부가 UAP를 검토·분석할 때 그에 대한 기준이 있습니까? 국방부 내에 성문화된 지침, 즉 UAP에 대한 기준을 제시하는 지침이 마련되어 있나요?

멀트리

지침 마련은 전담반이 할 수 있는 권한의 일부가 아닐까 싶습니다. 저희 조직은 정부에 두루 전파하고 여러분과 공조할 수 있는 방침과 기준을 살펴볼 생각입니다.

라후드

감사합니다. 여기까지 하죠.

카슨

발언해 주시죠. 웰치 의원님?

피터 웰치

감사합니다. 저는 라후드 의원의 질의에 좀 더 첨언하고자 합니다. 위원장님, 서로 다른 두 진술이 모순이면 참 곤혹스러울 것 같은데요. 첫째는 외계 생명체가 존재하는지 여부를 누구도 알 수 없다는 것입니다. 우주는 광활하죠. 그래서 확고부동한 결론을 내리는 것은 매우 주제넘는 처사일 텐데요. 하지만 혹시라도 존재한다면 탐사대가 지구에 온다는 것은 가능성의 범위를 아주 넘어서는 것도 아닐 겁니다. 위원장님도 이를 토대로 한 보고서를 많이 접하셨을 테고요. 라후드 의원은 그것을 질의했다고 봅니다. 사람들은 외계 생명체가 존재할 수밖에 없다고 생각합니다. 그러니 지구에 방문했으리라는 가설이 아주 터무니없는 일도 아니라는 것이죠.

반면, 국방부는 국가안보를 지켜야 할 책임이 있습니다. 정찰용 드론이나 미국의 방위 시스템을 와해시킬 수 있는 드론이 활개를 친다면 당연히 이를 분석해야겠지요. 그런 행위는 중단시켜야 마땅하니까요. 그럼 이러한 책무는 어떻게 나누시겠습니까? 신빙성이 있든 없는, 제보자 입장에서는 당국이 외계 생명체를 둘러싼 정보를 모두 조사해야 한다고 생각할 텐데 말이죠. 멀트리 부국장님부터 말씀하시죠.

멀트리

예 그렇죠. 질의 감사드립니다. 의원님이 지적하신 이유뿐 아니라, 업무의 일환으로라도 미 항공우주국NASA을 비롯한 여타 기관과의 연계를 위해 노력하는 것이 중요하다고 봅니다. 정부에는 지구 밖에서 생명체를 찾는 부처도 있습니다. 해당 기관은 수년간 그 일을 해왔습니다. 외계 생명체의 존재를 찾고 있다는 것이죠. 우주생물학자도 마찬가지입니다.

저희도 똑같은 정부 부처입니다. 무엇을 발견하든 이를 은폐하는 것이 아니라, 무엇이든 실체를 파악하고, 국방 차원에서 말씀드리자면, 그것이 국가안보에 어떤 영향을 주고 우리에게는 어떤 의미가 있을지 해당 부처와 공조하여 조사하는 것이 저희의 목표입니다. 예컨대, 기상현상이라면 국립해양대기청과 함께 조사할 것이고 외계 생명체이거나, 그럴 가능성이 있다면 나사 등과 협력할 것입니다.

웰치

정보는 투명하게 공개하는 것이 아주 중요합니다.

멀트리

물론입니다.

웰치

국민에게 공개하려면 말이죠.

멀트리

당연한 말씀입니다.

웰치

잠시 후에 기밀 브리핑 시간을 가질 텐데요. 이 자리에서 밝힐 수 없는 기밀을 구체적으로 거론하진 않겠습니다만, … 무엇인가요? 우리가 보호하고 있는 것이 무엇인가요? 공개 청문회에서 답변이 가능하실지는 모르겠습니다만 실제로 우리가 "보호해야 하는protect" 대상이 무엇이라고 생각하시는지요?

멀트리

우리가 정말 보호해야 할 것은 특정 정보를 파악하는 방법이라고 생각합니다. 전 세계 지도자의 사상이든, 개발 중인 무기체계든, 혹은 자국을 위협하는 대상을 탐지하는 기술이든, 우리가 알게 되는 정보는 상당히 많죠. 이들 중 다수는 매우 민감한 정보원과 기술이 낳은 결과일 것입니다. 저희는 이를 활용할 겁니다. 아울러 정보원과 기술은 자국에 피해를 주려는 적국이나 제3자로부터 자국을 보호하기 위해 활용될 것입니다. UAP 센서는 따로 존재하는 것이 아닙니다. UAP를 전용으로 처리하는 컴퓨터도 없으며, UAP의 전파 링크도 없죠. 다 한 가지라는 이야기입니다. 업무 수행에 도움이 되는 시스템은 하나입니다.

우리는 시스템을 보호해야 합니다. 우리가 계속 지켜온 것이기 때문입니다. 훗날 우리가 다른 것을 목격하더라도 센서는 같을 것이며, 이를 위해서도 같은 정보원과 기술이 필요할 것입니다. … 결국 우리는 미국에 위협이 되는 대상을 파악할 수 있는 역량뿐 아니라, 국가적 위기가 발생하기 전에 대응할 수 있는 역량도 발전시켜왔다는 사실을 보호하고 있는 것입니다.

웰치

감사합니다. 수고 많으셨습니다. 브레이 부국장님과 멀트리 차관님. 오늘 참석해 주셔서 감사합니다. 제 발언은 여기까지입니다.

카슨

위원님, 동영상 말고 다른 정보는 없습니까? 행정부가 확보한 것 중 정보원과 기술을 보호하면서도 미국 국민에게 공개할 가치가 있는 것이랄까요. 이를테면, 시간과 장소 및 구체적인 경위를 포함한 목격 사례의 상세한 내용을 두고 하는 말입니다. 아울러 AOIMSG은 일반 공개를 고려할 때 적용할만한 분명한 절차가 있습니까?

브레이

위원장님 …

카슨
혹시 그렇지 않다면 절차를 설정하실 생각이신지요?

브레이
UAP 전담반 작전의 근거가 되는 보안분류가이드the Security Classification Guide는 제가 승인한 것으로, 이러한 정보원과 기술뿐 아니라, 우리가 추적하고 있는 대상과 추적 방식, 혹은 시기를 적국이나 정보기관이 파악하지 못하도록 데이터를 보호하기 위해 설계된 것입니다. 이는 투명성과 전투 상 우위에 대한 균형을 유지하는 데 중요한 가이드입니다. 미군은 실전처럼 훈련하기 때문입니다. 제가 염두에 두고 있는 것은 이렇습니다. 적어도 해군 정보국 부국장인 제 권한에 속한 정보와, 우리가 확보한 정보가 정보원 및 기술과 무관하고, 해외 정보기관이나 국가안보에 위협을 가하지 않는다고 판단할 때는 권한 내에서 기밀을 해제할 것입니다. 저는 투명성 확보가 중요하다는 것을 믿기 때문에 국가안보와 그것의 균형점을 찾기 위해 노력하고 있습니다.

멀트리
위원장님, 첨언하자면, 올해 3, 4개월 동안 정보기관들과 국가 방위 기구들은 지난 10년보다 더 많은 정보를 공개했다고 생각합니다. 저희는 국가정보국을 비롯한 타 기관과 긴밀히 협력하여, 기밀을 해제하고 정보기관의 문턱을 낮춤으로써 국민과 대중에게 제공할 수 있는 모든 정보를 확보할 것입니다.

카슨

감사합니다. 크로퍼드 의원님, 질의하시죠.

릭 크로퍼드

감사합니다, 위원장님. 스테파닉 의원이 서둘러 오고 있는 것 같은데요, 결례가 아니라면 막간을 이용해 단순한 질문 두 가지만 하겠습니다. 첫째는 사례가 있느냐는 겁니다. … 인간이 만들었다거나 자연적인 것으로는 보기 힘든 물체에 대한 구체적인 예시 부탁드립니다.

브레이

지금까지도 설명이 불가한 사례 중에서 모두가 알고 있을 성싶은 것은 2004년 니미츠호에서 목격한 사건을[10] 꼽습니다. 데이터는 확보했습니다만 여태 해명은 되지 않았습니다. 물론 해명이 쉬운지, 어려운지도 장담할 수는 없는 상황입니다. … 음, 그러니까, 설명이 어렵다는 것이 중론입니다만 인공적인 것은 절대 아니라는 보장도 없다는 이야기입니다. 불가사의한 사례는 이밖에도 상당히 많습니다.

크로퍼드

알겠습니다. 공개된 채널, 이를테면, '틱톡 비디오'[11] 등에 올라온 영상 이야기인데요, AOIMSG는 동영상을 통제할 것입니까? 혹시 모를 기밀 영상이나 자료의 유출은 어떻게 방지하죠?

---

10 들어가는 글 참조

11 미 해군에서의 공식 명칭은 'FLIR 비디오'이다. '틱 톡'이란 명칭은 당시 이 UAP를 목격하고 추적한 데이빗 프레이버가 묘사한 바에 의해 붙여진 명칭으로 '틱 톡'은 길쭉한 구강 청량용 사탕의 이름이다.

멀트리

AOIMSG는 설립 취지대로 파일을 구분하는 절차를 마련하고, 이를 원활히 통제할 수 있는 방편을 모색할 것입니다. 아울러 우리는 통합적으로 SAPs라 부르는 민감 접근 프로그램sensitive access programs과 특별 접근 프로그램special access programs을 갖추어 이를 배치하고, 접근 통제 프로그램으로 유출을 방지할 것입니다. 우리가 이를 가동시키겠습니다.

우리 목표는 데이터의 이용자 및 분석가와 이를 공유하는 것입니다. 데이터를 국방부 데이터베이스나 자료실에 넣어 둔 채 수많은 덮개를 씌워 정작 데이터를 활용해야 할 사람들이 접근조차 할 수 없게 되는 것은 바라지 않습니다. 정부 부처와 정보기관 및 기타 기관과의 협력관계를 돈독히 하는 이유가 바로 여기에 있습니다. 저희는 데이터베이스에 확보해 둔 자료를 적절히 통제하기 위해 최선을 다할 것입니다.

크로퍼드

감사합니다.

카슨

쉬프 위원장님.

쉬프

감사합니다, 위원장님. 2021년에 UAP 항목으로 구분된 보고서를 보면 첨단 기술을 보여준다는 기록이 있습니다. 18건 중 일부 UAP 는 상층풍에서 정지 상태에 있다거나, 바람을 거슬러 이동한다거나, 갑작스레 방향을 꺾는다거나, 혹은 뚜렷한 추진체도 없이 상당한 속도로 비행했다고 하죠. 보고서에 따르면, "소수이긴 하지만, UAP가 출몰할 때 군용기가 무선 주파수 에너지를 감지했다" 고 하는데요, 이 대목에서 소수의 사례가, 비정상적인 비행 패턴이나 특성을 보였다는 18건에 포함이 되는 건지 아리송하더군요. 그 중 일부도 무선 주파수 에너지를 방출했나요?

브레이

그 점은 UAPTF와 확인을 해봐야 할 듯싶습니다. 비공개 청문회에서 다룰 만큼 구체적인 말씀은 어려울 듯합니다만, 특이한 비행 패턴을 보이지 않더라도 최소 몇 건에서는 무선 주파수를 감지했습니다.

쉬프

무선 주파수를 측정했다는 점의 의미는 무엇일까요? 무선 전자파 신호를 전송하는 항공기라고 생각하는데 맞습니까?

브레이

가장 중요한 포인트는 우리 측에서 이를 주시할 때 센서를 교란시키려는 조짐이 보였다는 것입니다.

멀트리

여기에 한 가지 덧붙이자면, 무선 주파수는 아시다시피 다양한 운영체제(플랫폼)를 제어하는 데 사용되기도 한다는 것입니다. 무인기

UAV를 비롯한 운영체제에서 전파가 방출되었다는 사실은 곧 전파를 외부로 송출하는 기체entity와 관련이 있거나, 기체에 전파를 보내는 어떤 대상과도 관계가 있을 겁니다. 물론 항공기에는 민감하게 반응하기 때문에 기내에서 휴대폰 사용을 금하고 있습니다. 휴대폰은 무선 주파수 방출에 상당히 민감하거든요.

AOIMSG에서 살펴볼 점이 바로 이겁니다. 과연 우리가 수집할 수 있는 것인지, 그리고 일부 UAP에서 방출하는 전파 주변의 신호 환경을 규정할 수 있겠느냐는 겁니다.

쉬프

그렇다면 기록된 에너지는 센서를 교란시키거나 무인기를 제어하거나, 해당 기체와의 통신을 제어하는 원동력일 수도 있겠군요.

멀트리

정확하게 짚으셨습니다.

쉬프

알겠습니다. 감사합니다. 위원장님.

카슨

감사합니다. ODNI 보고서에서 분명히 밝혔듯이, UAP를 둘러싼 가설 중 하나는 우리가 비밀 항공 프로그램이나 시험용 시제품인 국내 항공기를 포착했다는 것입니다. 물론 이 자리에서 국방부의 기밀 프로그램을 밝히라고 주문하진 않겠습니다만, 미국 정부가 별 소득도 없는 일에 시간을 낭비하고 있는 것은 아니라는 점을 확인하고 싶긴 합니다. 우선, UAP의 원인이 미국 항공기인지 아닌지를 별도의 프로그램을 통해 확인할 수 있는 뚜렷한 절차가 있습니까? AOIMSG 요원은 UAP 사건을 모두 조사하는 데 필요한 허가증이나 문서가 있나요?

멀트리

제가 먼저 답변하고 브레이 부국장님께 발언권을 넘기겠습니다. 저희는 군 당국이나 미국의 전반적인 이슈에 민감합니다. 때문에 비행체를 비롯하여, 국익을 위해 운영체제(플랫폼)를 개발하는 정부 부처 및 기관과의 연대를 확립해왔습니다. 우리의 목표는 지속적이고도 원활한 절차를 확보하는 것입니다. 개발 중인 운영체제나, 혹은 시험 중이거나 작전을 수행하고 있는 미국의 자산을 잘못 보고하지 않도록 하는 절차가 어느 정도 자리 잡아가고 있습니다.

우리는 이를 확립할 것입니다. 정부 부처 및 각 기관과는 이미 논의가 끝난 상황입니다. 당국은 부처 및 기관의 자산을 보호할 것이며, 정보원과 기술을 보호하는 한편, 본래의 업무에도 충실할 것입니다. 아울러 각 부처와의 충돌도 피할 수 있으면 좋겠습니다.

브레이

지당하신 말씀입니다. UAPTF는 국방부 및 정부 부처와 협력하여 각 기관과의 충돌을 방지할 수 있는, 가능한 가장 단순한 방법을 확보하는 절차를 마련했습니다. 보고서에서 이를 언급할 때 한두 가지 기준점들 정도는 유출될 수 있다는 점을 밝힙니다만 그것이 (전모를 파악할 수 있는) 설명이 될 수는 없으리라 봅니다.

카슨

우주사령부와의 연락은 어떻게 하죠? 특히 우주 영역을 감찰하는 사령부의 부처와는 어떻게 협력하고 있으며, UAP를 분석할 때 우주군과는 어떻게 공조하고 있나요?

브레이

UAP 전담반은 국방부 부처와 마찬가지로 우주군과도 협력관계를 맺고 있습니다. 우주군에서 전문가를 차출하여, 그들의 식견과 도움이 될 만한 자료를 최대한 활용하고 있습니다.

멀트리

의원님, 아시다시피, 우주군과 우주사령부의 주된 임무는 우주 영역을 감찰하는 것입니다. 우리는 우주군과 협력하며 정보본부장(J2)과도 교류해 왔습니다. 그녀는 기내에 탑승하여 정보를 연결해주는 역할을 담당하고 있으며, 우리가 정보와 데이터를 교류할 수 있도록 돕고 있습니다. 우리는 우주군이나 우주사령부뿐 아니라 모든 부처와도 공조하고 있습니다.

카슨

감사합니다. 위원님, 또 질문 있습니까? 예, 좋습니다. 쉬프 위원장님? 예, 청문회에 참석해 주신 모든 의원님께 감사드립니다. 역사적으로도 뜻깊고 중대한 청문회에 참석해 주신 양당 동료 위원 여러분께도 감사의 뜻을 전하고 싶습니다. 이번 청문회는 UAP와 UFO에 대해 초당적인 협력을 입증할 수 있는 몇 안 되는 기회라 생각합니다. 그래서 더 마음에 들었습니다. 정말 감사합니다. 청문회를 잠시 중단하고 비공식 회의가 개최되는 낮 12시에 다시 뵙겠습니다.

2

Intelligence Assessment

국가정보국(DNI) 공식 보고서

(2021년 6월 25일)

OFFICE OF THE DIRECTOR OF NATIONAL INTELLIGENCE

Preliminary Assessment: Unidentified Aerial Phenomena

25 June 2021

SCOPE AND ASSUMPTIONS

Scope

This preliminary report is provided by the Office of the Director of National Intelligence (ODNI) in response to the provision in Senate Report 116-233, accompanying the Intelligence Authorization Act (IAA) for Fiscal Year 2021, that the DNI, in consultation with the Secretary of Defense (SECDEF), is to submit an intelligence assessment of the threat posed by unidentified aerial phenomena (UAP) and the progress the Department of Defense Unidentified Aerial Phenomena Task Force (UAPTF) has made in understanding this threat.

This report provides an overview for policymakers of the challenges associated with characterizing the potential threat posed by UAP while also providing a means to develop relevant processes, policies, technologies, and training for the U.S. military and other U.S. Government (USG) personnel if and when they encounter UAP, so as to enhance the Intelligence Community's (IC) ability to understand the threat. The Director, UAPTF, is the accountable official for ensuring the timely collection and consolidation of data on UAP. The dataset described in this report is currently limited primarily to U.S. Government reporting of incidents occurring from November 2004 to March 2021. Data continues to be collected and analyzed.

ODNI prepared this report for the Congressional Intelligence and Armed Services Committees. UAPTF and the ODNI National Intelligence Manager for Aviation drafted this report, with input from USD(I&S), DIA, FBI, NRO, NGA, NSA, Air Force, Army, Navy, Navy/ONI, DARPA, FAA, NOAA, NGA, ODNI/NIM-Emerging and Disruptive Technology, ODNI/National Counterintelligence and Security Center, and ODNI/National Intelligence Council.

Assumptions

Various forms of sensors that register UAP generally operate correctly and capture enough real data to allow initial assessments, but some UAP may be attributable to sensor anomalies.

EXECUTIVE SUMMARY

The limited amount of high-quality reporting on unidentified aerial phenomena (UAP) hampers our ability to draw firm conclusions about the nature or intent of UAP. The Unidentified Aerial Phenomena Task Force (UAPTF) considered a range of information on UAP described in U.S. military and IC (Intelligence Community) reporting, but because the reporting lacked sufficient specificity, ultimately recognized that a unique, tailored reporting process was required to provide sufficient data for analysis of UAP events.

- As a result, the UAPTF concentrated its review on reports that occurred between 2004 and 2021, the majority of which are a result of this new tailored process to better capture UAP events through formalized reporting.

- Most of the UAP reported probably do represent physical objects given that a majority of UAP were registered across multiple sensors, to include radar, infrared, electro-optical, weapon seekers, and visual observation.

In a limited number of incidents, UAP reportedly appeared to exhibit unusual flight characteristics. These observations could be the result of sensor errors, spoofing, or observer misperception and require additional rigorous analysis.

There are probably multiple types of UAP requiring different explanations based on the range of appearances and behaviors described in the available reporting. Our analysis of the data supports the construct that if and when individual UAP incidents are resolved they will fall into one of five potential explanatory categories: airborne clutter, natural atmospheric phenomena, USG or U.S. industry developmental programs, foreign adversary systems, and a catchall "other" bin.

UAP clearly pose a safety of flight issue and may pose a challenge to U.S. national security. Safety concerns primarily center on aviators contending with an increasingly cluttered air domain. UAP would also represent a national security challenge if they are foreign adversary collection platforms or provide evidence a potential adversary has developed either a breakthrough or disruptive technology.

Consistent consolidation of reports from across the federal government, standardized reporting, increased collection and analysis, and a streamlined process for screening all such reports against a broad range of relevant USG data will allow for a more sophisticated analysis of UAP that is likely to deepen our understanding. Some of these steps are resource-intensive and would require additional investment.

AVAILABLE REPORTING LARGELY INCONCLUSIVE

Limited Data Leaves Most UAP Unexplained...

Limited data and inconsistency in reporting are key challenges to evaluating UAP. No standardized reporting mechanism existed until the Navy established one in March 2019. The Air Force subsequently adopted that mechanism in November 2020, but it remains limited to USG reporting. The UAPTF regularly heard anecdotally during its research about other observations that occurred but which were never captured in formal or informal reporting by those observers.

After carefully considering this information, the UAPTF focused on reports that involved UAP largely witnessed firsthand by military aviators and that were collected from systems we considered to be reliable. These reports describe incidents that occurred between 2004 and 2021 with the majority coming in the last two years as the new reporting mechanism became better known to the military aviation community. We were able to identify one reported UAP with high confidence. In that case, we identified the object as a large, deflating balloon. The others remain unexplained.

- **144** reports originated from USG sources. Of these, **80** reports involved observation with multiple sensors.
  - Most reports described UAP as objects that interrupted pre-planned training o other military activity.

UAP Collection Challenges

Sociocultural stigmas and sensor limitations remain obstacles to collecting data on UAP. Although some technical challenges—such as how to appropriately filter out radar clutter to ensure safety of flight for military and civilian aircraft—are longstanding in the aviation community, while others are unique to the UAP problem set.

- Narratives from aviators in the operational community and analysts from the military and IC describe disparagement associated with observing UAP, reporting it, or attempting to discuss it with colleagues. Although the effects of these stigmas have lessened as senior members of the scientific, policy, military, and intelligence communities engage on the topic seriously in public, reputational risk may keep many observers silent, complicating scientific pursuit of the topic.

- The sensors mounted on U.S. military platforms are typically designed to fulfill specific missions. As a result, those sensors are not generally suited for identifying UAP.

- Sensor vantage points and the numbers of sensors concurrently observing an object play substantial roles in distinguishing UAP from known objects and determining whether a UAP demonstrates breakthrough aerospace capabilities. Optical sensors have the benefit of providing some insight into relative size, shape, and structure. Radiofrequency sensors provide more accurate velocity and range information.

4

But Some Potential Patterns Do Emerge

Although there was wide variability in the reports and the dataset is currently too limited to allc for detailed trend or pattern analysis, there was some clustering of UAP observations regarding shape, size, and, particularly, propulsion. UAP sightings also tended to cluster around U.S. training and testing grounds, but we assess that this may result from a collection bias as a result of focused attention, greater numbers of latest-generation sensors operating in those areas, unit expectations, and guidance to report anomalies.

And a Handful of UAP Appear to Demonstrate Advanced Technology

In **18** incidents, described in **21** reports, observers reported unusual UAP movement patterns or flight characteristics.

Some UAP appeared to remain stationary in winds aloft, move against the wind, maneuver abruptly, or move at considerable speed, without discernable means of propulsion. In a small number of cases, military aircraft systems processed radio frequency (RF) energy associated wi UAP sightings.

The UAPTF holds a small amount of data that appear to show UAP demonstrating acceleration or a degree of signature management. Additional rigorous analysis are necessary by multiple teams or groups of technical experts to determine the nature and validity of these data. We are conducting further analysis to determine if breakthrough technologies were demonstrated.

UAP PROBABLY LACK A SINGLE EXPLANATION

The UAP documented in this limited dataset demonstrate an array of aerial behaviors, reinforcing the possibility there are multiple types of UAP requiring different explanations. Ou analysis of the data supports the construct that if and when individual UAP incidents are resolv they will fall into one of five potential explanatory categories: airborne clutter, natural atmospheric phenomena, USG or industry developmental programs, foreign adversary systems and a catchall "other" bin. With the exception of the one instance where we determined with high confidence that the reported UAP was airborne clutter, specifically a deflating balloon, we currently lack sufficient information in our dataset to attribute incidents to specific explanation

Airborne Clutter: These objects include birds, balloons, recreational unmanned aerial vehicles (UAV), or airborne debris like plastic bags that muddle a scene and affect an operator's ability identify true targets, such as enemy aircraft.

Natural Atmospheric Phenomena: Natural atmospheric phenomena includes ice crystals, moisture, and thermal fluctuations that may register on some infrared and radar systems.

USG or Industry Developmental Programs: Some UAP observations could be attributable to developments and classified programs by U.S. entities. We were unable to confirm, however, that these systems accounted for any of the UAP reports we collected.

Foreign Adversary Systems: Some UAP may be technologies deployed by China, Russia, another nation, or a non-governmental entity.

Other: Although most of the UAP described in our dataset probably remain unidentified due to limited data or challenges to collection processing or analysis, we may require additional scientific knowledge to successfully collect on, analyze and characterize some of them. We would group such objects in this category pending scientific advances that allowed us to better understand them. The UAPTF intends to focus additional analysis on the small number of cases where a UAP appeared to display unusual flight characteristics or signature management.

UAP THREATEN FLIGHT SAFETY AND, POSSIBLY, NATIONAL SECURITY

UAP pose a hazard to safety of flight and could pose a broader danger if some instances represent sophisticated collection against U.S. military activities by a foreign government or demonstrate a breakthrough aerospace technology by a potential adversary.

Ongoing Airspace Concerns

When aviators encounter safety hazards, they are required to report these concerns. Depending on the location, volume, and behavior of hazards during incursions on ranges, pilots may cease their tests and/or training and land their aircraft, which has a deterrent effect on reporting.

- The UAPTF has 11 reports of documented instances in which pilots reported near misses with a UAP.

Potential National Security Challenges

We currently lack data to indicate any UAP are part of a foreign collection program or indicative of a major technological advancement by a potential adversary. We continue to monitor for evidence of such programs given the counter intelligence challenge they would pose, particularly as some UAP have been detected near military facilities or by aircraft carrying the USG's most advanced sensor systems.

EXPLAINING UAP WILL REQUIRE ANALYTIC, COLLECTION AND RESOURCE INVESTMENT

Standardize the Reporting, Consolidate the Data, and Deepen the Analysis

In line with the provisions of Senate Report 116-233, accompanying the IAA for FY 2021, the UAPTF's long-term goal is to widen the scope of its work to include additional UAP events documented by a broader swath of USG personnel and technical systems in its analysis. As the dataset increases, the UAPTF's ability to employ data analytics to detect trends will also improve. The initial focus will be to employ artificial intelligence/machine learning algorithms to cluster and recognize similarities and patterns in features of the data points. As the database accumulates information from known aerial objects such as weather balloons, high-altitude or super-pressure balloons, and wildlife, machine learning can add efficiency by pre-assessing UAP reports to see if those records match similar events already in the database.

- The UAPTF has begun to develop interagency analytical and processing workflows to ensure both collection and analysis will be well informed and coordinated.

The majority of UAP data is from U.S. Navy reporting, but efforts are underway to standardize incident reporting across U.S. military services and other government agencies to ensure all relevant data is captured with respect to particular incidents and any U.S. activities that might be relevant. The UAPTF is currently working to acquire additional reporting, including from the U.S. Air Force (USAF), and has begun receiving data from the Federal Aviation Administration (FAA).

- Although USAF data collection has been limited historically the USAF began a six-month pilot program in November 2020 to collect in the most likely areas to encounter UAP and is evaluating how to normalize future collection, reporting, and analysis across the entire Air Force.

- The FAA captures data related to UAP during the normal course of managing air traffic operations. The FAA generally ingests this data when pilots and other airspace users report unusual or unexpected events to the FAA's Air Traffic Organization.

- In addition, the FAA continuously monitors its systems for anomalies, generating additional information that may be of use to the UAPTF. The FAA is able to isolate data of interest to the UAPTF and make it available. The FAA has a robust and effective outreach program that can help the UAPTF reach members of the aviation community to highlight the importance of reporting UAP.

Expand Collection

The UAPTF is looking for novel ways to increase collection of UAP cluster areas when U.S. forces are not present as a way to baseline "standard" UAP activity and mitigate the collection bias in the dataset. One proposal is to use advanced algorithms to search historical data captured and stored by radars. The UAPTF also plans to update its current interagency UAP collection strategy in order bring to bear relevant collection platforms and methods from the DoD and the IC.

Increase Investment in Research and Development

The UAPTF has indicated that additional funding for research and development could further the future study of the topics laid out in this report. Such investments should be guided by a UAP Collection Strategy, UAP R&D Technical Roadmap, and a UAP Program Plan.

7

APPENDIX A - Definition of Key Terms

This report and UAPTF databases use the following defining terms:

Unidentified Aerial Phenomena (UAP): Airborne objects not immediately identifiable. The acronym UAP represents the broadest category of airborne objects reviewed for analysis.

UAP Event: A holistic description of an occurrence during which a pilot or aircrew witnessed (or detected) a UAP.

UAP Incident: A specific part of the event.

UAP Report: Documentation of a UAP event, to include verified chains of custody and basic information such as the time, date, location, and description of the UAP. UAP reports include Range Fouler[1] reports and other reporting.

---

[1] U.S. Navy aviators define a "range fouler" as an activity or object that interrupts pre-planned training or other military activity in a military operating area or restricted airspace.

APPENDIX B – Senate Report Accompanying the Intelligence Authorization Act for Fiscal Year 2021

Senate Report 116-233, accompanying the Intelligence Authorization Act for Fiscal Year 2021, provides that the DNI, in consultation with the SECDEF and other relevant heads of USG Agencies, is to submit an intelligence assessment of the threat posed by UAP and the progress the UAPTF has made to understand this threat.

The Senate Report specifically requested that the report include:

1. A detailed analysis of UAP data and intelligence reporting collected or held by the Office of Naval Intelligence, including data and intelligence reporting held by the UAPTF;

2. A detailed analysis of unidentified phenomena data collected by:

   a. Geospatial Intelligence;

   b. Signals Intelligence;

   c. Human Intelligence; and

   d. Measurement and Signatures Intelligence

3. A detailed analysis of data of the Federal Bureau of Investigation, which was derived from investigations of intrusions of UAP data over restricted U.S. airspace;

4. A detailed description of an interagency process for ensuring timely data collection and centralized analysis of all UAP reporting for the Federal Government, regardless of which service or agency acquired the information;

5. Identification of an official accountable for the process described in paragraph 4;

6. Identification of potential aerospace or other threats posed by the UAP to national security, and an assessment of whether this UAP activity may be attributed to one or more foreign adversaries;

7. Identification of any incidents or patterns that indicate a potential adversary, have achieved breakthrough aerospace capabilities that could put U.S. strategic or conventional forces at risk; and

8. Recommendations regarding increased collection of data, enhanced research and development, additional funding, and other resources.

미국가정보국장실

예비 보고서:
미확인 대기현상

2021년 6월 25일

분석 영역과 전제

분석 영역

본 예비 보고서는 2021 회계연도 정보인증법IAA에 수반되는 상원보고서 116-233 조항의 일환으로 국가정보국장실ODNI이 제공한다. 여기엔 미확인대기현상(Unidentified Aerial Phenomena, UAP)이 보여주는 위협과 이에 대한 국방부 소속 미확인대기현상전담반(Unidentified Aerial Phenomena Task Force, UAPTF)의 파악 정도에 대한, 국방부 장관과의 협의 하에 이루어진 국가정보국DNI 정보 분석결과가 담겨 있다.

이 보고서는 정책위원이 혹시 모를 UAP의 위협을 규정할 때 부딪치는 문제에 대한 개요뿐 아니라, UAP와 맞닥뜨렸을 때 미군 및 정부 인력이 실시하는 관련 프로세스와 정책, 기술 및 교육훈련을 개발하기 위한 수단을 제시한다. 이때 정보기관의 위협 파악 능력은 향상될 것이다. UAPTF의 감독관은 관련 자료를 시기적절하게 수집·통합할 수 있는 관리를 선임한다. 본 보고서에 제시된 데이터는 주로 2004년 11월에서 2021년 3월 사이에 발생한 정부 보고서에 국한되며 자료는 앞으로도 계속 수집·분석할 예정이다.

ODNI는 정보군사위원회에 제출하기 위해 본 보고서를 준비했고 UAPTF와 ODNI 국가정보국항공관리처가 국방부를 비롯하여 국방정보국DIA과 연방수사국FBI, 국가정찰국NRO, 국가지리정보국NGA, 국가안전보장국NSA, 육·해·공군, 해군정보국ONI, 고등연구계획국DARPA, 연방항공청FAA, 국립해양대기청NOAA, ODNI/NIM신흥와해기술처, ODNI/국가방첩보안센터 및 ODNI/국가정보위원회NIC으로부터 자료를 입수해 초안을 작성했다.

전제
UAP를 감지하는 다양한 형태의 센서들은 대부분 오류 없이 작동하며 실제 데이터를 포착해 초기 분석을 실시할 수 있다. 물론 센서 오작동이 UAP의 원인인 경우도 아주 없진 않다.

개요
UAP를 둘러싼 공신력 있는 보고 건수가 한정된 탓에 UAP의 정체나 의도에 대한 결론을 확정하기에는 무리가 있다. UAPTF는 미군 당국 및 정보기관 보고서에 수록된 방대한 정보를 살펴보았으나, 구체성이 부족했기 때문에 UAP 사건 분석을 위한 자료를 충분히 제공하려면 그에 맞는 특수한 보고 프로세스부터 갖춰야 한다는 점을 깨달았다.

- 결국 UAPTF는 2004~2021년 사이에 작성된 보고서를 검토하는 데 주력했다. 대다수가 새로운 프로세스와 공식적인 보고 체계를 통해 UAP 현상을 포착했기 때문이다.

- 보고된 UAP는 대부분 레이더와 적외선, 전기광학, 무기감지기 및 육안 관찰 등을 포함한 여러 센서(감각)를 거쳐 포착되었다는 점에서 '물체physical objects'인 듯싶다.

보고에 따르면, UAP는 일부 사건에서 이질적인 비행 특성을 보였다고 한다. 이는 센서 오작동이나 속임수 혹은 목격자의 착시일 수도 있어 심층적인 추가 분석이 필요하다.

UAP는 유형이 다양하므로 보고서에 수록된 외형과 움직임에 따라 설명도 각각 달라져야 한다고 본다. 데이터를 분석해 보니, UAP 사건이 모두 해명된다면 각 사례는 다섯 가지 카테고리(설명이 가능한) 중 하나에 해당될 거라는 가정에 힘이 실린다. 이를테면, 공중 부유물clutter과 자연현상, 정부 혹은 국내산업개발 프로그램, 적국의 기체 및 '기타'를 두고 하는 말이다.

UAP는 분명 항공기의 안전이나 국가 안보를 저해한다. 안전문제는 점점 어수선해지고 있는 대기 영역에 대해 불만을 토로하는 조종사들 사이에서 제기되고 있다. UAP가 적국의 데이터 수집 플랫폼이라거나, 혹은 그들이 신기술이나 와해성 기술을 개발했다는 증거라면 국가 안보는 타격을 입을 것이다.

연방정부 차원에서 일관성 있게 보고서를 통합하고 보고 체계를 표준화하며 수집·분석 경험을 쌓으며, 광범위한 관련 정부 데이터에서 쓸 만한 보고서를 추려내는 과정이 간소화된다면 좀 더 발전한 UAP 분석을 기대해 볼 수 있을 것이다. 이를 위해서는 자원이 집중되어야 할 뿐 아니라 추가적인 투자도 필요하다.

입수한 보고서는 대개 모호하다

자료가 한정된 탓에 UAP의 해명이 불가하다

한정된 데이터와 들쭉날쭉한 보고 체계가 UAP 분석에 주된 걸림돌이 되고 있다. 2019년 3월 해군이 체계를 확립하기 전까지 표준화된 보고 절차가 없었다. 2020년 11월에는 공군도 같은 보고 절차를 도입했지만 이는 정부 보고에만 국한된 것이었다. 사실, UAPTF는 조사 과정에서 (비)공식 보고서에는 누락되었으나 실제 벌어졌던 사건을 지나가는 이야기로 들은 적도 있다.

UAPTF는 이러한 정보를 신중히 검토한 후, 군 조종사들이 직접 목격했다는 UAP 관련 보고서에 집중했다. 이는 2004년과 2021년 사이에 발생한 사건을 기술하고 있으며 대다수는 신규 보고 체계가 당국에 널리 도입된 지난 2년간 접수된 보고서였다. 이때 보고된 현상들 중 한 가지는 자신 있게 밝힐 수 있었다. 확인해 보니 바람이 빠진 대형 기구였다. 나머지의 실체는 아직 밝혀지지 않았다.

- 144건의 보고서를 정부가 입수했고 이 중 80건은 다중 센서(감각)를 활용해 관찰한 것이었다.

  ○ 대부분의 보고서는 UAP를 사전훈련이나 군사 활동을 방해하는 물체로 규정했다.

UAP 정보 수집의 걸림돌

사회문화적인 오명(낙인효과)과 센서의 한계가 UAP 정보를 수집하는 데 걸림돌이 되고 있다. 민간·군용기의 안전을 위해 레이더 클러터(레이더 표적 이외의 물체에서 반사되어 수신되는 원치 않는 신호. 지면, 해면, 빗방울 등이 주요 원인이다-옮긴이)를 적절히 필터링하는 등의 기술적인 요령이 당국의 해묵은 과제라면 UAP 정보 수집에 국한되는 것도 더러 있다.

- UAP를 목격했다거나, 보고했다거나 혹은 동료에게 UAP 이야기를 주고받았다는 이유로 작전 당국 조종사와 군·정보기관의 분석가들에게 '관종' 취급을 당하곤 한다. 비록 과학계와 정치, 국방 및 정보 당국의 고위 인사도 UAP를 진지하게 공론화해 낙인효과는 줄었다지만 그럼에도 명예가 실추될 수 있다는 우려에 입을 닫게 된다. 그러면 과학적인 연구는 어려워질 수밖에 없다.

- 미군 계기 시스템에 장착된 센서는 대개 특정한 임무를 위해 설계되었다. 때문에 UAP를 식별하는 데 적합한 센서는 아니다.
- 한 물체를 동시에 감지하는 센서의 위치와 숫자는 일반 물체와 UAP를 구별하고, UAP가 획기적인 항공 능력을 보여주는지 여부를 규정하는 데 큰 보탬이 된다. 광학 센서는 UAP의 상대적 크기와 형상 및 구조를 파악하고 무선주파수 센서는 좀더 정확한 속도와 규모에 대한 정보를 일러준다.

패턴이 아주 없는 것은 아니다

보고서와 데이터가 너무 상이하기 때문에 구체적인 추세나 패턴을 분석하기에는 무리가 있지만 형상과 크기와 추진력에 대해서는 공통분모가 더러 존재하기도 했다. 또한 훈련 및 실험 지역 주변에서 목격 빈도가 높게 나타나는 경향이 있는데, 이는 어느 한 곳에 관심이 집중되었다거나, 특정 지역에서 작동하는 최첨단 센서가 급격히 늘어났다거나, 혹은 부대의 기대 심리나 UAP 보고 지침의 결과로 빚어진 편향수집 탓일지도 모른다.

어떤 UAP 현상은 첨단 기술의 증거로 보이기도

21건의 보고서에 기술된 18가지 사건에서 목격자들은 특이한 이동 패턴이나 비행 특성을 보고했다.

예컨대, 일부 UAP는 바람이 부는 와중에도 허공에 정지해 있었고 풍향을 거슬러 비행하거나 방향을 급격히 전환하거나, 혹은 엄청난 속도로 이동했지만 추진기관은 식별할 수 없었다. 사례가 많진 않지만, 군용기 시스템이 UAP와 관련이 깊은 고주파 에너지를 처리한 적도 있었다.

UAP 태스크포스는 첨단 스텔스 기능을 보이는 UAP가 등장하는 데이터를 적게나마 입수했다. 이러한 정보의 실체와 진위를 가리려면 기술 전문가로 구성된 팀이나 조직의 심층적인 추가 분석이 필요할 것이다. 연구팀은 미증유의 첨단 기술이 검증된 것인지 밝히기 위해 데이터를 분석하고 있다.

UAP, 모든 사례에 적용되는 한 가지 해답은 없을 것

한정된 자료에 기록된 UAP는 이동 방식이 다양하기 때문에 UAP의 유형과 이에 대한 설명은 각양각색일 가능성이 높다고 본다. 데이터를 분석해 보니, UAP 사건이 모두 해명된다면 각 사례는 다섯 가지 카테고리 중 하나에 해당될 거라는 가정에 힘이 실린다. 이를테면, 공중 클러터와 자연현상, 정부 혹은 국내산업개발 프로그램, 적국의 기체 및 '기타'를 두고 하는 말이다. 한 가지 사례를 제외하면—바람이 빠진 대형 기구였다는 사실을 자신 있게 밝혔다—UAP 현상을 구체적으로 해명하기에는 정보가 부족한 편이다.

공중 클러터: 조류나 기구, 여가용 무인기(드론), 혹은 비닐봉지 같은 잡동사니는 시각의 혼동을 초래해 적기 같은 실제 표적에 대한 식별력을 떨어뜨린다.

대기현상: 빙정이나 수분, 적외선 및 레이더 기기에 포착될 만한 열변동 현상 등이 이에 해당된다.

정부 혹은 국내산업개발 프로그램: 국내 기관이 실시하는 개발 및 기밀 프로그램인 경우도 더러 있다. 물론 연구팀이 수집한 UAP 보고서에 해당 프로그램이 있는지 확인할 수는 없다.

적기: 일부 UAP는 중국이나 러시아 혹은 비정부기구가 배치한 기술일 가능성도 있다.

기타: 데이터베이스에 기술된 UAP는 대부분 자료 부족이나 수집·분석의 어려움으로 확인이 불가하지만 일부라도 수집·분석·규정하려면 과학적인 식견이 더 필요할 듯하다. 이러한 대상은 UAP를 파악할 수 있을 만큼 과학이 발전할 때까지 '기타' 범주로 구분할 것이다. UAPTF는 비정상적인 항적이나 스텔스 기능을 보이는 듯한 소수의 사례를 추가 분석하는 데 주의를 집중할 생각이다.

UAP, 항공기의 안전과 국가 안보를 위협할 수 있다

일부 사례가 미국의 군사 활동에 대한 자료를 해외 정부가 수집하고 있다는 방증이라거나, 혹시 모를 적국의 첨단 항공 기술이라는 점이 입증된다면 항공기의 안전뿐 아니라 더 큰 위험을 초래할 수 있을 것이다.

영공서 지금도 마주하고 있는 우려

조종사는 안전상의 위험에 직면하면 사건의 자초지종을 보고해야 할 의무가 있다. UAP가 영공을 침범하는 동안 대상의 위치와 규모 및 활동 여부에 따라 조종사는 조사 및(혹은) 훈련을 멈추고 착륙하기 때문에 보고에 차질이 빚어지기도 한다.

- UAP 태스크포스가 보유한 11건의 사례 보고서에는 UAP와의 충돌을 가까스로 면했다는 조종사들의 증언도 담겨 있다.

국가 안보 문제

UAP가 해외 정부의 자료 수집 프로그램의 일환이라거나, 혹시 모를 적국이 개발한 첨단 기술이라는 점을 암시하는 자료는 없다. 그러나 일부 UAP가 군사 시설 근처나 최첨단 센서 시스템을 장착한 항공기에 의해 감지되었기 때문에 그들의 방첩활동을 감안하여 첩보 프로그램에 대한 증거를 계속 감시하고 있다.

UAP 현상을 해명하려면 분석·수집 및 재원 투자가 필요하다
보고 방식을 표준화하고 데이터를 통합하며 심층적인 분석을 실시하라

2021 회계연도 정보인증법IAA에 수반되는 상원보고서 116-233

조와 아울러, UAPTF의 장기적인 목표는 광범위한 정부 인력과 기술 관련 기관이 작성한 UAP 사건을 분석에 포함시켜 당국의 활동 범위를 넓히는 것이다. 데이터가 쌓이면 추세를 파악하기 위해 데이터를 분석하는 태스크포스의 역량도 향상될 것이다. 우선 데이터의 특성을 토대로 유사성과 패턴을 인식·수집할 수 있도록 인공지능/머신러닝 알고리즘을 도입하는 데 주안점을 둘 것이다. 데이터베이스에는 기상관측기구나 고고도/초고압기구 혹은 야생동물 등, 이미 알려진 대기 물체의 정보를 축적해 두고 있다. 때문에 머신러닝이 UAP 보고서를 사전에 검토한다면 UAP 기록이 데이터베이스에 누적된 유사 사례와 일치하는지 여부를 판단해 효율성을 높일 수 있을 것이다.

- UAPTF는 자료 수집 및 분석 결과를 원활히 이해·조율할 수 있도록 부처 간 분석·처리 워크플로우를 개발하기 시작했다.

UAP 자료의 대다수는 미 해군 보고서에서 나온 것이다. 물론 당국은 미군 및 기타 정부 기관 전반의 보고 체계를 표준화함으로써 특정 사건 및 국가 차원의 활동과 관련된 데이터가 모두 포착되도록 노력하고 있다. UAP 태스크포스는 현재 미 공군(US Air Force, USAF) 등에서 추가 보고서를 입수하기 위해 절차를 밟고 있다. 연방항공청(Federal Aviation Administration, FAA)은 일찍이 자료를 제출해왔다.

- 역사를 돌이켜 볼 때 USAF 관련 데이터 수집은 제한되어 왔으나, 당국은 UAP와 마주칠 가능성이 높은 영역에서 자료를

수집하기 위해 2020년 11월부터 6개월 동안 파일럿 프로그램을 개시했다. 공군은 당국 전반에 걸쳐 수집과 보고 및 분석을 정상화할 방법을 검토하고 있다.

- FAA는 항공교통운항을 관리하는 과정에서 UAP와 관련된 자료를 포착한다. FAA는 조종사와 승무원 등의 인력이 비정상적이거나 예상치 못한 사건을 FAA 산하 항공교통기구Air Traffic Organization에 보고할 때 해당 자료를 수집한다.

- FAA는 특이 현상을 감시하며 UAPTF에 유용할 만한 정보를 추가로 제공하고 있다. 또한 관심 데이터를 UAPTF 전용으로 구분해 자료 활용을 도모하는 한편, UAP 보고의 중요성을 강조하기 위해 태스크포스팀이 항공 당국자들과 접촉할 수 있도록 지원 프로그램도 가동 중이다.

수집 확대

UAPTF는 미군이 '표준' UAP 활동의 기초를 마련하고 데이터의 편향 수집을 완화하기 위해 미군 부재 시에도 UAP가 출몰하는 지역에서 수집되는 자료를 늘릴 방편을 찾고 있다. 이를테면, 고성능 알고리즘을 활용하여 레이더가 포착·저장해 둔 과거 데이터를 검색하는 방법이 거론되고 있다. 아울러 UAPTF는 국방부와 정보기관의 관련 수집 플랫폼 및 방식을 도입하기 위해 부처간 UAP 자료수집 전략을 업데이트할 계획이다.

연구·개발 투자 확대

UAPTF는 연구·개발을 위한 추가적인 자금조달을 통해 이 보고서에 제시된 UAP를 앞으로도 계속 연구할 수 있다는 점을 시사했다. 투자는 UAP 수집전략과 UAP 연구·개발 기술로드맵 및 UAP 프로그램계획의 지도 아래 실시되어야 할 것이다.

<u>부록 A</u> – 핵심 용어 정리

이 보고서와 UAPTF 데이터베이스는 다음과 같은 용어를 쓴다.

미확인 대기현상UAP: 공중에 떠있지만 즉각 식별할 수는 없는 물체. 약어인 UAP는 분석 대상인 물체를 구분하는 범주 중 범위가 가장 넓다.

UAP 이벤트(event, 일화): 조종사나 승무원이 UAP를 목격(또는 감지)하는 동안 발생한 사건을 전체적으로 설명한 내용

UAP 사건incident: 이벤트의 일면

UAP 보고서 Report : UAP 일화를 기술한 문서. UAP가 출현한 날짜와 위치 및 내용 등의 기초 정보와 검증된 관리연속성(chain of custody, 기록이 작성된 이후 이를 보유한 개인 또는 기관의 연속적 승계. 관리의 단절이 없다는 것은 기록의 진본 여부를 판정하는 중요한 기준이 된다–옮긴이)이 포함된다. UAP 보고서에는 '레인지 파울러Range Fouler*'를 비롯하여 기타 내용도 담겨 있다.

* 미 해군 조종사는 '레인지 파울러'를 가리켜 군사작전구역이나 비행제한구역에서 실시하는 사전 훈련이나 기타 군사 활동을 방해하는 활동 및 물체라 정의한다.

부록 B - 2021 회계연도 정보인증법에 수반된 상원보고서

상원보고서 116-233항은 2021 회계연도 정보인증법에 수반된 것으로 국가정보국DNI이 국방부장관 및 기타 관련 기관장들과의 협의 하에 UAP의 위협을 비롯하여, UAPTF가 이를 파악하기 위해 이룬 진척 현황을 조사한 정보 보고서를 제출해야 한다고 규정

상원보고서는 다음을 포함하도록 각별히 요청

1. 해군정보국(Office of Naval Intelligence, ONI)이 수집·보유하고 있는 UAP 데이터 및 정보 보고서의 상세 분석 결과(UAP 태스크포스가 보유하고 있는 데이터 및 정보 보고서 포함)

2. _____로 수집한 미확인현상 자료의 상세 분석
   a. 지리·공간 정보
   b. 신호 정보
   c. 인간 정보
   d. 측정 및 신호 정보

3. 비행제한구역을 침범한 UAP를 조사하는 과정에서 도출된 연방수사국FBI의 상세 분석

4. 어느 기구나 기관이 정보를 입수했든 관계없이 연방정부에 보고한 UAP 내용을 두고는 신속한 데이터 수집과 중앙집중식 분석을 위해 부처 간 프로세스를 상세히 설명

5. 제4항에 기술된 절차에 대한 책임 관리 확인

6. UAP가 국가 안보에 위협을 가할 수 있는지 여부를 확인하고 UAP 활동이 적국의 소행인지도 조사

7. 미국의 전략 혹은 재래식 군대를 위험에 빠뜨릴 수 있는 첨단 항공 기술을 확보했다거나, 적의 소행을 암시하는 사건이나 패턴을 식별

8. 데이터 수집량 증가와 연구·개발 강화, 추가 자금 조달 및 기타 재원에 관한 권고 사항

3

The CIA's X-Files

중앙정보국(CIA)이 공개한 UFO파일

(2016년 1월 26일)

1부 UFO를 연구하는 틀

공개 승인

중앙정보국CIA 역사비평 프로그램

헥터 퀸타닐라 2세

미확인 비행물체가 새로운 현상은 아니다. 예컨대, 기원전 593년 에스겔 선지자는 북쪽에서부터 폭풍과 큰 구름이 오는데 그 속에서 불빛이 사방에 비치며 불 가운데 단 쇠 같은 것이 나타나 보인다고 기록했고, 1254년 달이 8일째 차오를 당시 세인트 올번스Saint Albans 수도원에서는 우아한 모양의 대형 선박이 하늘을 표류했다고 한다. 한편 1520년 프랑스에서는 둥근 물체가 회전하는 빛과, 불이 이글거리는 두 항성과 함께 목격되었다는 설이 있는가 하면, 1874년 엄청난 속도로 하늘을 누빈 비행접시를 봤다는 텍사스 농부의 증언도 나온 바 있다. 이는 역사학자가 기록한 수많은 현상 중 빙산의 일각에 불과하다. 현대 UFO 시대는 1947년 6월 24일 사건으로 막을 열었다. 당시 비행사가 이상한 물체를 목격했다는 증언에 '시적 허용'이 가미되며 국내 일간지에 소개되자, 국민은 외계에서 온 미지의 비행선이 지구를 찾아왔다는 소식으로 가슴이 설렜다.

초음속 비행접시

6월 24일, 케네스 아놀드Kenneth Arnold는 자신의 경비행기로 해상수송기를 찾고 있었다. 수송기가 레이니어산Mt. Ranier 남서부 쪽 어딘가에 불시착했기 때문이다. 우선 그는 추락한 기체를 찾기 위해 약 3킬로미터 상공에서 산등성이를 두루 살펴보았다. 다시 서쪽으로 이동하며 둘러봐도 눈에 띄지 않자 다시 레이니어산으로 기수를 돌렸다. 대기는 안정되어 비행하기에 꽤나 좋은 상태였다. 아놀드는 기체의 균형을 잡고는 느긋하게 비행하며 맑은 하늘과 지형을 감상하고 있었다. 마침 DC-4 여객기가 좌측에서 나타났다. 고도는 4킬로미터 남짓 되어 보였다.

2~3분 정도 흘렀을까, 아놀드는 강한 섬광이 비치는 것을 감지했다. 광원은 알 수 없었으나 좌측, 곧 레이니어산 북편으로 아홉 기의 물체가 약 3킬로미터 고도로 북에서 남으로 이동하는 것을 목격했는데, 모양새가 좀 특이했다. 그는 비행물체가 레이니어

산으로 급속히 접근했을 때 그것이 제트기라고 지레 짐작했다. 2초 간격으로 두 서너 대가 고도를 낮추거나 진로를 약간 바꾸자 강렬한 반사광이 번쩍였다. 하지만 거리가 너무 멀어 정확한 모양이나 대형은 알 수 없었다.

비행물체들이 레이니어산에 좀 더 근접할 무렵, 그는 그것들의 윤곽을 뚜렷하게 확인할 수 있었다. 그런데 이상하게도 꼬리 날개를 찾아 볼 수 없었다. 비행체들은 산의 남쪽 끝자락을 지나가면서 비대칭적으로 깎아지른 산등성이의 남쪽과 남동쪽 사이를 직행했다. 고도는 300미터씩 차이가 날 정도로 들쭉날쭉했지만 대체로 수평을 유지했고 아놀드와 거의 비슷한 고도에 있었다. 또한 거위처럼(사선으로 연결된 체인을 연상) 열을 지어 날았는데, 높은 산 정상들과의 충돌을 피하기 위해 오르락내리락하면서도 비행 방향을 유지하는 듯했다.

아놀드와 그 물체들과의 거리는 줄잡아 40킬로미터 정도 되는 것 같았다. 제우스 파스너Zeus fastener와 엔진 덮개 기구를 활용하여 크기를 재보니 DC-4 여객기의 3분의 2 정도는 되어 보였다. 그는 비행물체들이 레이니어산과 애덤스산 사이의 높은 눈 덮인 산등성이를 지나는 것을 지켜보았는데 앞쪽 물체가 산마루 남쪽을 벗어날 때 끝 쪽 물체가 산마루 북쪽에 막 진입하고 있다는 사실을 확인했다. 산맥의 길이를 측정해본 결과, 제일 앞쪽 물체에서 뒤쪽 물체까지의 거리는 대략 8킬로미터로 추정되었다. 한편 그것들이 레이니어산에서 애덤스산까지(75킬로미터) 비행한 시간은 아놀드에 의해 1분 42초로 측정되었으며 따라서 그 물체들의 속도는 시속 2,670킬로미터로 추산되었다.

사건 직후 기자와의 인터뷰에서 아놀드는 물체가 수면을 스치는 접시와 닮았다고 묘사했다. 그로부터 기자들이 지어낸 "비행접시"는 일파만파 확산되어 UFO의 대명사로 자리를 잡게 되었다. 대개가 그렇듯, 아놀드가 목격한 UFO 또한 통제할 수 없는 대기현상과 무관하지 않기 때문에 재현이 불가능했다. 즉, 공군이 확보한 단서는 한 사람의 주관적인 해석뿐이었다는 이야기다. 증언을 검토한 학자들은 물체를 신기루라고 단정했다. 대기가 청명하다는 사실은 대기가 매우 안정되어 있었다는 방증인데, 그럴 때는 기온역전이나 높은 대기 굴절이 으레 비일비재하다는 것이다.

아놀드의 목격담은 재현이 불가능했지만, 같은 지역에서 관찰된 현상 중에는 그럴듯한 해명이 가능한 사례도 있다. 예컨대, 1948년 11월 해군 사령관인 W. J. 영W. J. Young은 이따금씩 윌라메트Willamette 계곡과 워싱턴 동부 및 오리건 평야에서 비행접시로 착각하기 쉬운 현상을 목격해왔다. 한 가지 괄목할만한 사례로 맑은 대낮에 윌라메트 계곡 위로 푸르스름한 연무가 두꺼운 층을 이루어 좀처럼 사라지지 않는 현상을 꼽을 수 있다. 300미터 내지 1.5킬로미터 상공에서 전투기를 조종하다 보면 밝은 색을 띤 비행물체가 출몰하는데 어떤 때는 전조등이나 기수, 어떤 때는 바로 코앞에 나타나기도 했다. 게다가 자취를 감춘 뒤, 또 다른 물체가 형성되는 경우도 더러 있었다.

마침내 영은 고도가 달라지는 비행선으로 보이는 물체가 상당히 멀리 떨어진 농장의 알루미늄 지붕에서부터 반사된 빛이었다는 사실을 발견했다. 지상시정(ground visibility, 지상에 서 있는 사람의 눈높이에서 본 수평방향의 시정을 말한다-옮긴이)이 한정되어 있는 이상, 하늘 수평선에 집중되는 땅의 원근감으로 지붕에 반사된 빛은 연무 속에서 고도가 달라지는 비행체로 보이기도 한다는 것이다. 이 UFO 현상의 원인은 목격자 자신이 풀어냈다. 지금까지 접수된 UFO 현상 중 정확히 일치하는 경우는 없지만, 영과 아놀드의 사례에서처럼 몇 가지 특징이 다른 현상에서 발견되기도 했다.

프로젝트 사인/그러지

아놀드가 목격한 비행접시 소식이 신문 보도를 통해 널리 확산되자 UFO를 봤다는 제보가 속출했다. 그로부터 공군은 모든 국민의 제보를 접수하기 시작했다. 1947년 12월 이전에는 이 같은 정보를 조사·분석하는 특정 조직은 창설된 바가 없다. 측정이 가능한 데이터나 대조실험에 대한 근거가 없어 군조차도 신고된 UFO를 최신 공기역학 시스템이나, 자연현상, 혼동한 물체, 혹은 지적인 누군가의 조종을 받는 우주선이라고 단정하기도 했다. 또한 군 당국의 이해관계가 결부되면서 영공방어와 연구개발 및 정보 분야에 다른 기관의 책무가 가미되기도 했다.

합동참모부는 이러한 혼란을 막기 위해 1947년 12월 30일, 정부 내에서 국가안보와 관계가 있을 법한 UFO 정보에 한해, 이를 수집·분석·배포할 프로젝트를 설치해야 한다고 제안했다. 코드명 '사인Sign'이 부여된 이 프로젝트는 항공기술정보센터(the Air Technical Intelligence Center; ATIC)가 담당하게 되었다.

1949년 2월, 프로젝트 사인팀은 UFO 제보 243건을 분석하고 난 후 아래와 같이 보고했다.

"지금까지 접수된 미확인 비행물체가, 아직 알려지지 않았거나 최근에 제작된 항공기라는 점을 입증하거나 반증할만한 결정적인 증거는 아직 확보되지 않았다. 추락한 물체의 잔해를 조사하지 않으면 유력한 증거는 찾기가 어려울 것으로 보이고, 각 사례별로 확실한 원인이나 경위가 밝혀지지 않는다면 그런 비행물체가 아주 없다고 단정할 수도 없는 노릇이다. … 몇 가지 사건을 해명한 자료를 보면 원인이 단순하고 이해하기 쉬우므로, 적잖은 사례는 UFO를 둘러싼 신비감을 크게 낮추거나 아주 없애버릴 수도 있다고 본다. … 전시상황이라면 민간 군무원과 군인의 사기를 떨어뜨리지 않기 위해서라도 UFO는 신속하고도 확실히 해명해야 할 것이다."

프로젝트 사인팀은 미결로 남은 사건을 산적이 쌓아둔 채, 규모를 축소하여 새로운 코드명 '그러지Grudge'로 명맥을 잇게 된다. 프로젝트 그러지는 1949년 8월 244건의 제보를 분석했다. 대학 교수와 외부 컨설턴트, 공군 기상대 및 국립기상국의 도움이 컸다.

그러지 보고서의 결론에 따르면, UFO는 국가안보를 위협할 기미가 전혀 보이지 않는다고 하며, 착각이나 미미한 군중 히스테리나 전쟁 스트레스, 혹은 인지도나 사기행각을 위한 조작이 원인이라고 한다.

특별보고서 NO. 14

프로젝트 그러지는 공감할만한 결론으로 대중의 반박을 일으키지 않다가 축소된 규모로 활동을 이어갔다. 그럼에도 외계 생명체가 지구를 찾아왔다는 설을 맹신하던 소수는 SF 기사와 매거진의 인기에 힘입어 수효가 점점 증가했다. 1951년 12월, UFO 파일을 극비리에 심층적인 연구를 진행해 달라는 계약이 한 업체를 상대로 성립되었다. 연구기간은 3년이었다.

한편 1952년 3월, 프로젝트 그러지는 '블루북Blue Book'으로 명칭이 바뀐다. 이때 수많은 UFO 관련도서가 쏟아졌다. 대표적인 책으로는 『비행접시의 도래The Coming of the Saucers』를 비롯하여, 『우주와 중력과 비행접시Space, Gravity, and the Flying Saucer』, 『비행접시에 얽힌 수수께끼: 다른 별이 우리를 주시하고 있는가?The Riddle of the Flying Saucers: Is Another World Watching?』, 『비행접시는 허상이 아니다The Flying Saucers Are Real』, 『우주에서 온 비행접시Flying Saucers from Outer Space』 및 『먼 나라에서 온 비행접시Flying Saucers Come from a Distant World』를 꼽는다. UFO 동호회도 전 세계에서 결성되었다. 대개는

과학적으로 UFO를 연구한다지만, 실은 물리학자나 행동주의 과학자가 분석위원으로 위촉되는 경우는 거의 없었다. 50년대 초에는 공군이 UFO 정보를 검열하거나 기밀사항으로 감춘다며 비난하는 목소리가 유행처럼 번졌다.

1953년 1월, 3개년 연구가 한창 진행되는 동안, 권위자의 신속한 분석을 위해 과학자문패널Scientific Advisory Panel이 조직되었다. 패널은 정부에 발을 담그고 있지 않은 저명한 민간인 과학자로 구성되었다(H. P. 로버트슨, 루이스 W. 알바레즈, 로이드 V. 버크너, S. A. 굿스미트, 손튼 페이지). 다음은 패널의 보고서에서 발췌한 것이다.

"패널은 … 기록이 양호한 사건을 선별하여 검토해왔다. … UFO가 적대적 행위를 저지를 수 있는 외국산 물체라는 점을 시사하는 사례와, 현재 통용되는 과학적 개념을 수정해야 할 필요가 있다는 증거는 찾을 수 없었다. 지금 같은 냉전 상황에서 UFO 제보를 지나치게 강조하다 보면 방어기관의 기능을 저해할 수 있다는 것이 패널의 결론이다. 이를테면, 사실과 무관한 제보로 통신채널이 마비되고, 허위신고에 끌려 다니다가 정작 적군의 습격을 감지하지 못하게 되는 불상사도 벌어질 수 있는가 하면, 교묘하고 적대적인 선전propaganda으로 난동을 야기하고 당국에 대한 불신을 키워 국민의 심리를 더욱 불안하게 만들 수 있다는 것이다."

패널의 권고는 아래와 같다.

"국가안보기구는 미확인 비행물체의 인지도와 수수께끼 같은 신비감을 없애기 위해 즉각적인 조치를 취해야 한다."

이 같은 권고로, 공군성 장관 직속인 정보국the Office of Information에 UFO 관련 질의응답과 정보공개를 담당할 부서가 설치되었다. UFO 공보업무는 수년이 흐른 후에도 공군성 장관 직속 기구인 정보국이 맡았다.

1954년 말, 계약연구에 대한 기밀이 해제되자 이는 즉각 언론에 알려졌다. 이는 ATIC 통제 아래 이루어졌는데 그 이유는 연구에 참여한 유능한 인력들이 익명을 바랐기 때문이다. 언론에 알려진 연구는 흔히 특별보고서 NO. 14(14번째)라 불리며 첫 13건은 행정절차 보고서였다.

특별보고서 NO. 14는 공군 파일에 확보된 UFO 자료를 분석하며 불필요한 것은 솎아냈다. 보고서에는 시간과 날짜, 장소, 형태, 색상, 출현 지속시간, 방위각 및 고도별로 출현 빈도를 보여주는 그래프가 담겨있었고 전형적인 UFO 모델을 구축하려는 계획뿐 아니라, UFO의 크기와 모양 및 색상이 다르다는 최종적인 결과도 기록되었다. 보고서의 결론은 아래와 같다.

"'비행접시'가 확실히 존재하지 않음을 입증할 수는 없다. … 과학적으로 분석·정리한 자료를 통틀어 보면 이렇다 할 패턴이나 성향이 없기 때문이다. … UFO의 주요 특징을 냉철하게 검토하고 미제로 남은 UFO 사례를 심층적으로 연구해 보면 여러 변수가 맞물린 탓에 … '미확인 물체Unknowns'를 '확인된 물체Knowns'로 판단하지 못했다는 사실을 알게 된다. 실체가 검증된 '비행접시'를 찾는다거나, '비행접시' 모델을 유추해내기 위해 실시한 심층연구를 토대로 내린 결론은 현재 데이터로는 그 목표를 달성할 수 없다는 것이다."

무엇보다도, 보고된 미확인 비행물체가 경우를 막론하고 물질physical matter에 대한 타당한 증거가 아주 부족하다는 점은 눈여겨볼 대목이다. 그러므로 연구 중 미확인 물체로 생각된다고 해서 그것이 '비행접시'일 가능성은 현저히 낮다고 할 수 있다. 현재 확보된 데이터에서 나온 보고서는 아무리 온전하고 신빙성이 있다 해도 따로 연구해 보면 개략적인 모델조차 보여주지 못하는 데다, 전체적으로 볼 때 데이터가 UFO의 두드러진 패턴이나 성향을 밝히진 못할 것이기 때문이다.

따라서 정보를 분석한 근거를 토대로 볼 때, 미확인 비행물체를 다룬 보고서가 현대 과학지식의 범위를 초월한 기술혁신을 일러줄 개연성은 거의 없다고 보인다.

연구절차

1953년에 '공군 규정 200-2'에 의거하여 윤곽을 잡은 UFO 프로그램의 목적은 달라지지 않았다.

1) UFO 신드롬이 미국의 안보를 저해하는지 밝히고
2) UFO 신드롬이 미국의 연구개발에 도입할 만큼 획기적인 기술 혁신을 보여주는 증거인지 규명하며
3) 목격자가 UFO를 신고하게 되는 동기가 무엇인지 해명하거나 밝힌다.

라이트패터슨 기지에 자리 잡은 블루북 프로젝트 사무실은 장교 하나와 사병 둘, 그리고 속기사 한 명이 전부다. 그래서 UFO에 대한 초동 조사는 인근 공군기지 사령관이 담당한다. UFO 사례를 분석하고 나면 프로젝트 사무실은 수많은 조직과 전문 인력의 후원을 받는다. 천체물리학자 겸 노스웨스턴 대학 디어본 천문대Dearborn Observatory 소장인 J. 앨런 하이넥J. Allen Hynek 박사가 지난 18년간 프로젝트 컨설턴트로 활약해왔다. 하늘에서 관측된 수상한 물체를 분석하고, 프로젝트의 명맥을 잇는 데 일익을 담당한 인물이 바로 하이넥 박사다. 또한 미국유성학회the American Meteor Society의 수장인 찰스 P. 올리비어Charles P. Olivier 박사는 유성으로 의심되는 사례를 분석하는 데 도움을 주었다.

UFO가 항공기일 가능성이 있을 경우 연방 항공국Federal Aviation Agency 사무소와 공항, 전략공군사령부the Strategic Air Command 및 공군방어사령부the Air Defense Command를 방문했다. 풍선이나 기구가 의심될 때엔 공항과 지역 기상청, 국립기상국, 홀로맨 AFB(공군기지) 기구관제센터Holloman AFB Balloon Control Center, 국립대기연구센터the National Center for Atmospheric Research, 제너럴 밀스General Mills, 레이븐 인더스트리Raven Industries, 영해시스템Sea Space Systems뿐 아니라, 기구를 연구하는 대학에도 자문을 구했다. 그리고 목격자가 위성을 봤다 싶으면 에코 스케줄Echo schedules 자료와 연방항공우주국NASA에 발표한 위성보고서, 위성의 적도 통과시간 및 우주감시·추적시스템the Space Detection and Tracking System 서비스를 활용했으며, 미사일을 오인했을 것 같으면 케이프 케네디Cape Kennedy와 밴덴버그 공군기지Vandenberg AFB, 포인트 마구Point Magu, 월롭스섬, 에글린 공군기지Eglin AFB, 홀로맨 공군기지 및 그린강을 직접 찾아갔다.

레이더를 분석해야 할 때는 내부 기관 중 하나와 연락을 주고받았다. 사진을 판독해야 할 때는 내부 기관과 뉴욕 로체스터에 있는 코닥Kodak사의 자문을 구하기도 했고, 물질 샘플에 대해서는 공군 재료연구소the Air Force Materials Laboratory를 비롯하여, 바텔 연구소Battelle Memorial, 식품의약국, 리비 오웬스, 코닝 글래스, 제지화학연구소 및 노스웨스턴 지질연구소를 찾아갔다. 과거에는 수많은 기관과 인재가 프로젝트를 물심양면으로 도왔다. 지금까지 인력이든 정부기관이나 기업이든 지원을 마다하는 법은 없었다.

앞서 언급했듯이, 접수된 UFO 목격담은 의심스런 현상에 따라 분류된다. 각 카테고리의 특징을 개괄적으로 열거하자면 아래와 같다.

프로펠러 항공기

정기선은 항로를 따라 비행하며 연방항공국FAA의 통제를 받는다. 조명은 회전식 비콘이 장착된 붉은색 및 녹색 날개 등이 일반적이다. 또한 정기선은 이착륙시 착륙등을 사용한다. 항공기가 선회하거나 목격자에게 접근해올 때 이를 UFO로 오인해서 제보했을지도 모를 일이다. 이때 총 지속시간은 항로를 수정하는 시간과 일치하되, 항로가 여러 차례 수정되지 않는다면 보통 5분을 초과하진 않을 것이다. 붉고 푸른 빛이 가려지면 착륙등은 야간에 하나의 빛으로 보일 때가 더러 있다. 항공기의 조명구조에 따라 빛이 범상치 않아 보이는 경우가 종종 있는데, 특히 제보자가 본 흰 빛은 붉은빛을 잘못 본 것일 수도 있다. 일정 고도로 수평비행했다는 물체가 있다면 현지 항로를 살펴보고 난 뒤, 그것이 항공기는 아닐 것 같다면, 혹은 특정 항공편이 맞는지 알아봐야 한다면 연방항공국의 정보를 확인해야 한다. 겉으로 드러난 모습과 소리가 서로 연관된 경우는 있을 수도, 없을 수도 있다. 공항 근방에서 비행하는 물체를 UFO로 취급하진 않는다. 공항 안팎을 이동하는 빛은 으레 항공기라고들 생각하니까.

경비행기나 비정기편은 일반적으로 특징이 같다. 속도는 비교적 느리고 시야에서 벗어나는 시간은 좀 더 길다. 고도는 대개 낮다. 바람이 목격자 쪽에서 불면 소음은 들리지 않는다. 항로변경이 추가되지 않는다면 보통 7, 8분을 넘지 않는다. 현지 공항에서 벗어나면 연방항공국의 레이더망에는 잡히지 않을 뿐 아니라, 기체를 제대로 식별하기도 매우 어렵다. 하지만 보고된 비행물체의 특징을 분석해 보면 항공기의 것과 일치한다.

제트기

여객기와 고공 항공기는 재래식 항공기와 특징이 유사하다. 다만 예외가 있다면 (1) 종종 붉은색으로 보인다는 것과, (2) 기체에서 소음이 전혀 들리지 않는다는 것, 그리고 (3) 직진으로 비행하거나 방향을 한 번 튼다는 것이다. 경우에 따라 다르겠지만, 시야에서 사라지기까지는 대략 3, 4분 정도 걸린다. 이 같은 항공기는 연방 항공국이 항로를 지정해 두었다.

공군의 특수 저공 비행은 0.6킬로미터 상공의 공중회랑(air corridor, 항공기가 한 국가의 상공을 지날 때 반드시 통과해야 하는 항로를 가리킨다 – 옮긴이)을 지나간다. 이때는 전투기가 시야를 벗어나는 데 1분도 채 안 걸린다. 목격자 쪽으로 이동하면 마치 UFO가 공중을 맴도는 것처럼 보일 수도 있다.

속도가 돌연 올라갈 때도 있다. 바람이 목격자 쪽에서 불면 비행음은 들리지 않는다. 빛이 하나로 보인다는 제보가 있는데, 실은 둘 이상일 수도 있다. 제트기의 경우, 주로 야간에 신고가 접수된다. 대낮이라면 아주 잘 보일 테니 오인할 리가 없을 것이다.

시운전이나 훈련작전을 실시할 때도 UFO로 오인할 수 있다. 둘 이상인지, 혹은 규모가 큰 전투작전인지에 따라 천차만별이다. 현지, 혹은 주요 공군 사령부에 연락하면 작전여부를 알 수 있다.

재연소장치afterburner가 장착된 제트기는 측면에서 보면 짧게 이글거리는 화염으로 보이기도 한다. 주로 푸른빛을 띠다가 사라지는데, 재연소장치가 멈추면 기체는 홀연히 사라지거나, 우주 밖으로 벗어났다는 인상을 줄지도 모른다. 육안으로 보이는 시간이 짧다. 고도를 높일 때 UFO로 착각하여 이를 제보하는 경우가 더러 있다. 후방에서 보면 제트기는 붉은색이나, 노란색이 가미된 오렌지색을 띠는데, 형태가 뚜렷하진 않다. 재차 말하지만, 기체가 갑자기 사라지기도 한다. 고도가 높으면 아마 형언하기 어려운 빛을 봤다고들 할 것이다.

급유기

급유기 조명과, 그에 동반되는 다수 항공기는 외형이 남다르다. UFO는 주로 밤에 제보가 잦다. 대낮에 실시하는 작전이라면 무엇이든 확실히 알 수 있을 테니 그렇다. 고도는 그때그때 다르다. 다수의 조명은 대형을 갖춘 채 이리저리 움직이다가 점멸을 거듭할 것이다. 기본 조명은 정해진 거리를 직진하다가 180도 선회하는 경우가 있다. 한 지역에 나타나 자취를 감추기까지 걸리는 시간은 15분이나 되지만, 단번에 지나가는 경우라면 4, 5분을 넘지 않는다. 조명은 한 방향으로 이동하는 것처럼 보이다가 나중에는 방향을 틀 때도 있다. 라이트패터슨 기지의 922 급유대대922 Air Refueling Squadron는 연료 주입 작전 시 보이는 외형적 특징을 제공해준다. 최근 전략공군사령부SAC는 UFO 분석가를 위해 급유기를 촬영하기도 했다.

급유 작전은 사령부의 통제를 받고 특정 지역에서 실시된다. 항공기록정보센터the Aeronautic Chart and Information Center가 발행한 "항공계획가이드Flight Planning Guide"를 보면 급유지역과 이를 통제하는 기관을 알 수 있다. 관제사에게 전화를 걸면 언제, 어느 지역에서 작전을 실시하며 출격하는 비행대대는 소속이 어디인지 밝히고, 비행대대와 연락해보면 전투기의 숫자와 기종, 진입 및 종료시간을 일러줄 것이다.

촬영용 항공기

촬영을 위해 광반flare drops을 사용하는 항공기는 너울거리는 불꽃으로 신고되는 경우가 더러 있다. 낮거나 높은 고도에서 촬영대상에 빛을 비추려고 플래시 라이트를 장착했다면 격차가 고른 섬광으로 보이는데, 육안으로는 대개 30초 정도 보이며 2분은 넘지 않는다.

적외선 촬영용 항공기는 장비를 가동시키기 위한 터빈발전기가 탑재되어 있다. 때문에 엔진소음 외에도 윙윙거리는 소리가 들리기도 한다. 적외선 촬영은 많지 않은 기관에서 종종 비밀리에 실시하며, 이때 고도는 비교적 낮고 속도는 시속 200킬로미터 정도 된다. 대개 이른 아침에 촬영하고 저공비행을 위해 착륙등을 사용한다.

광고용 항공기

대낮에 현수막이나 기타 광고물을 견인하는 항공기는 목격자와의 거리가 이를 식별할 수 없을 정도로 멀지 않으면 UFO로 오해 받기 쉽다. 이때 목격자가 제보한 자료를 보면 현수막을 UFO의 일부로 그려낸 경우가 비일비재하다. 시야에 잡히는 시간은 다른 항공기보다는 길고, 대개 선회하며 비행한다. 스피커는 자주 사용하지만, 항공기를 정확히 식별할 만큼 거리가 가깝지 않으면 거의 들리지 않을 수도 있다. 연방 항공국이 광고용 항공기를 승인했으니 UFO를 연구한다면 이도 확인해 봐야 할 것이다.

전광판을 장착한 항공기도 주로 야간에 목격된다는 사실을 제외하면 광고용 항공기와 특징은 같다. 특히 전광판은 실제 보이는 것보다 훨씬 큰 기체의 창으로 오인하는 경우가 종종 있다. 고도는 비교적 낮고, 한 지역에서 앞뒤로 왔다갔다하며 비행하는 특징이 있다. 날씨가 괜찮으면 같은 지역에서 이틀 이상 연이어 포착된다.

헬리콥터

움직임이 느리고, 상공을 맴돌기도 한다. 낮에는 목격자에게서 멀리 떨어져 있어야 UFO로 오인할 일이 없다. 검은 점이 전후상하를 자유자재로 움직인다는 제보가 접수될지도 모르겠다. 야간에는 회전하는 적색조명이 캐노피(canopy, 조종석 덮개)를 통해 기묘한 효과를 연출할 수 있는데, 공중에서 맴돌면 움직임은 더더욱 기이하다. 군용 혹은 민간 헬리콥터의 비행일정을 확인하면 UFO로 오인할 일은 없을 것이다.

기구 및 풍선

기상현상에 따라 특징이 달리 보일 수 있다. 바람과 관련된 정보는 기상국에 연락하면 얻을 수 있다. 항공기상근무대Air Weather Service 연락관은 기상데이터 분석을 지원한다. 고도가 낮은 기상관측용 기구는 둥글거나 타원 혹은 길쭉한 UFO로 묘사되곤 한다. 때로는 상공을 맴돌거나, 수직상승하거나, 지그재그로 혹은 별나게 움직인다는 제보가 접수되기도 하지만 사실 기구는 바람에 따라 이동할 뿐이다. 레이더망에는 레이더 반사기(radar reflector, 레이더 응답을 강하게 하기 위해 입사 전자파 에너지를 원래의 방향으로 반사하는 성질이 있도록 만든 장치 – 옮긴이)가 부착되어 있어야 포착이 가능하다. 땅거미가 질 무렵, 즉 기구가 암대(earth's shadow, 일출·일몰시 태양 반대쪽 지평선에 생기는 박명 바로 밑의 어두운 부분 – 옮긴이) 속으로 사라지기 전에 목격사례가 빈번히 들리며, 야간에 보이는 경우는 거의 없다. 작고 하얀 빛은 고도 3킬로미터가 넘으면 지상에서는 보이지 않는다. 망원경이 있으면 모르겠지만 말이다. 기내에서 보면 금세 사라지지만, 베테랑 파일럿이라면 이를 대번 알아본다.

고도가 높은 기구는 둥글거나 타원이며 낮에는 은색을, 땅거미가 질 무렵에는 오렌지색을 띤다. 움직임은 느리거나 정지된 것처럼 보인다. 사실, 탁월풍의 영향을 받아 같은 높이라면 6개월은 동쪽으로, 6개월은 서쪽으로 이동할 것이다. 또한 기구는 레이더망에 포착될 뿐 아니라, 출격한 전투기도 이를 식별할 수 있을 만큼 한 지역에 오래 머물러 있다. 땅거미가 질 무렵이라면 순식간에 사라지거나, 급상승하여 우주로 떠나버렸다는 제보가 접수될 수도 있고, 접힌 패널에 햇빛이 반사되면 기묘하게 점멸하는 경우도 있다. 고공 기구로 의심되는 제보를 두고는 이를 올린 곳을 파악하기 위해 노력하고 있다. 그러면 과학단체가 기구를 회수하는 데도 보탬이 될 것이다.

고공 항공기 조사용 기구는 우주선(cosmic ray, 지구 외부로부터 대단히 빠른 속도로 지구상에 날아 오는 방사선 ─ 옮긴이)을 연구하는 민·군 기관이 발사한다. 지름은 약 30미터이며, 재질은 주로 폴리에틸렌이다. 설정된 고도는 25~38킬로미터 이상으로 다양하며, 외형은 장비나 다른 부속물이 딸리기도 하지만, 지상에서는 망원경이 없으면 크게 달라 보이지 않는다. 풍속에 따라 속도는 천차만별인데 같은 지역에서 며칠씩 맴돌기도 하지만, 제트기류를 타면 최대 시속 320 킬로미터까지 올라가기도 한다. 야간에는 가스가 냉각되어 하강하다가 이튿날에는 설정된 고도로 다시 상승하고, 추적국(tracking station, 위성 궤도의 위치 데이터 등을 측정하기 위한 지상국 ─ 옮긴이)이 동선을 따라가는 무선표지(radio beacon, 무선표지 전파의 특성인 직진성, 등속성, 반사성 등을 이용하여 선박이나 항공기의 지표가 된다 ─ 옮긴이)와 야간 항행등 및 레이더 반사기를 장착한다. 때로는 중장비를 운송하기 위해 다수의 기구가 사용되는 경우도 더러 있다. 정체 확인을 위해 출격한 조종사는 기구의 고도까지 이르지는 못해도 실체를 파악할 수 있을 정도는 근접할 수는 있다. 동이 틀 무렵이라면 햇빛을 반사함으로써 홀연히 눈에 띄다가, 땅거미가 질 무렵에는 소리소문 없이 사라질 것이다.

지구의 위성

제보한 UFO가 인공위성을 오인한 것이라면 다음 기준을 충족시켜야 한다. (1) 물체가 햇빛을 반사할 수 있는 시간이나, 밤에 발견되어야 한다. (2) 육안으로는 별처럼 보여야 한다. (3) 역행위성retrograde satellite일 경우일 때는 서편으로 비행할 수 있다. (4) 시야에 잡히는 시간은(물체가 목격되는 각도를 감안해 볼 때) 궤도를 공전하는 속도와 일치해야 한다.

　사람들은 위성을 가리켜, 별처럼 반짝이면서도 이동하는 빛으로 오인하기 쉽다. 색상은 주로 하얗지만 노랗거나 푸르거나 파랗거나 오렌지색을 띠거나 혹은 붉은 빛으로 보이기도 한다. 꾸준히 이동하거나, 머뭇거리거나, 지그재그로 움직일 때도 있고, 얼핏 보면 맴돌거나 정지한 것 같을 때도 더러 있다. 궤적은 직진이나 포물선을 그리므로, 방향을 바꾼다면 아마 그 때문일지도 모른다. 위성은 홀연히 나타나거나 사라진다. 속도는 분당 15도이고, 육안으로 관찰되는 평균시간은 3~6분 정도 된다.

　어느 위성이 제보 당시 목격자의 소재지 상공으로 궤적을 그릴 때(에코와 페가수스 일정만은 확인된다), 앞서 열거한 조건이 충족된다면 UFO는 위성으로 판명될 것이다. 하지만 육안으로 보이는 위성만 30개가 넘으니, 목격한 UFO가 에코나 페가수스 궤도와 일치하지 않더라도 몇 가지 특징을 띤다면 위성으로 판명될 것이다.

천체현상

　천체에서 발견되는 UFO는 흔히 별이나 행성, 혜성, 화구, 유성, 극광 혹은 다른 천체인 것으로 나타났다. 행성(특히 금성과 목성 및 화성)은 연무나 옅은 안개, 이동하는 구름, 일·월식이나 혹은 평소에는 보기 어려운 현상을 통해 관찰되면 UFO로 오인하기 쉽다. 별을 잘못 본 것도 UFO 제보가 증가하는 데 일조했다.

기타

이 밖에도 UFO로 착각하는 범주가 세 가지 더 있다. '부족한 데이터' 항목이 여기에 해당되는데, 이는 분석에 꼭 필요한 정보가 한두 가지 이상 누락된 사례를 두고 하는 말이다(이를테면, 시야를 떠날 때까지의 시간과 발견 날짜 및 시간, 장소, 위치, 기상, 출현하거나 사라지는 모양). UFO가 안보나 과학기술적인 가치, 혹은 공익적인 관점에서 매우 중요하다면 제보를 '부족한 데이터'에 넣기 전에 필요한 추가정보를 찾기 위해 안간힘을 쓸 것이다.

잡동사니 '기타' 범주도 있다. 미사일과 반사광, 신기루, 탐조등, 조류, 연, 이상한 레이더 추적결과, 사기, 폭죽 및 플레어 등이 '기타'에 해당된다.

끝으로 '미확인'은 타당한 가설을 세우는 데 필요한 데이터는 모두 갖추었으나, 이미 밝혀진 물체나 현상과는 관계가 없는 경우를 두고 하는 말이다.

1965년까지 1만 147건의 UFO가 일곱 가지 범주로 분류되었는데, 예년과 유사한 1964년의 항목별 수치는 아래와 같았다.

진단: 해명불가

로니 자모라(1부 '비행접시는 어떻게 연구하는가?'를 참조)의 경우, 그가 강한 인상을 준 뭔가를 봤다는 데는 의심할 여지가 없다. 자모라가 거짓을 유포했을 리도 없다. 진중한 경관이자 막중한 역할을 담당해온 신앙인인 데다, 관할지역 비행물체는 누구보다 잘 알고 있었으니 말이다. 자모라는 해괴한 물체를 보고 충격을 감추지 못했다. 사실, 증언을 들은 우리도 그랬다. 기록은 잘 보존되었지만, 당국은 철저한 조사에도 자모라를 충격에 빠뜨린 UFO의 정체나 이렇다 할 원인을 밝혀내진 못했다.

연구팀은 조사를 진행하면서 인력이 감당할 수 있는 모든 변수를 확인해 보았다. 예컨대, 착륙지점의 방사선은 커틀랜드 공군기지AFB에서 들여온 가이거 계수기로 측정했고, 그때 기구를 띄운 일이 있는지 홀로맨 AFB 기구관제센터에 문의도 해보았다. 지역 당국 및 공군기지와 연락해가며 기상관측용 기구를 올린 적이 있는지 확인하는가 하면, 뉴멕시코를 통틀어 헬기를 가동시킨 일이 있는지도 확인해 보았다. 정부 및 민간 항공기도 두루 살펴보았다. 국방부의 정찰부에도 연락했고, 백악관 전투사령부도 확인했다. 홀로맨 공군기지 사령관과는 기지의 특수작전에 대해 장시간 인터뷰를 나누었고, 미사일 성능 시험장the White Sands Missile Range 부속지역 관제사와도 면담을 실시했다. 월면차(lunar vehicle, 달 표면 탐사에 사용되는 자동차로 달 관측장비와 암석표본 등을 운반한다 – 옮긴이) 연구활동에 참여한 기업에도 서한을 보냈다. 관련업체는 적극 협조했지만 이렇다 할 성과는 없었다. 공군 재료연구소는 착륙지점의 토양 샘플을 분석했다.

'정체를 파악할 수 없다'는 것이 조사의 결과였다. 다른 목격자도 찾을 수 없었다. UFO가 현장을 지나던 항공기나 헬기였다면 대번 알아챘을 것이다. 홀로맨 공군기지와 앨버커키Albuquerque에 설치된 레이더 설비에도 이상은 발견되지 않았다. 다만, 소로코에 근접한 홀로맨 이동표적 레이더MTI radar가 사건 당일 오후 4시에 작동이 멎었다. 날씨가 궂은 것도 아니고, 폭풍우가 몰아치지도 않았다. 바람이 좀 불긴 했지만 하늘은 맑았다. 자모라가 발견한

얕은 '자취'를 제외하면 별다른 이상은 없었다. 토양 분석 결과, 외부 물질은 검출되지 않았고, 현장 주변에서 측정한 방사선 수치도 여느 때와 다르지 않았다. 불에 그을린 나뭇가지도 분석했지만 추진체의 잔여물로 추정될만한 화학물질은 검출되지 않았다.

UFO가 산등성이 위로 사라질 때 속도는 대략 시속 193킬로미터 정도였을 거라고 자모라는 추정했다. 행성을 이동할 수 있는 속도는 아니지만, 어쨌든 분석결과는 소로코에 출현한 UFO가 외계에서 온 비행선이라거나, 그것이 국가안보를 저해하리라는 주장에 힘을 실어주진 못할 것이다.

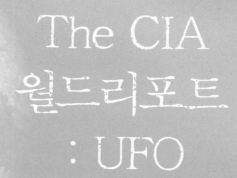

The CIA
월드리포트
: UFO

1부

비행접시는 어떻게 연구하는가?

기밀해제

뉴멕시코 소코로 외곽의 인적이 드문 사막도로를 남쪽으로 질주하며 경찰 로니 자모라Lonnie Zamora는 과속차량을 추격하고 있었다. 그러다 그는 갑작스런 굉음으로 크게 놀랐다. 잠시 후, 거대한 광원이 지표 위로 뜨더니 도로 남서쪽 창공을 솟구쳤다. 자모라는 인근 다이너마이트 창고가 폭발한 것이 아닌가 싶어 추격을 멈추고 우회전하여 창고로 이어진 자갈길로 접어들었다.

순찰차는 덜컹 거리며 자갈길을 달리다 가파른 언덕에 이르렀다. 언덕 뒤쪽에서 연기가 나지 않는 불길이 올라오고 있었는데, 이는 푸른 빛과 오렌지 빛을 띤 깔때기 모양의 화염이었다. 하지만 언덕에 가려 화염이 어디서 솟는 건지는 알기가 어려웠다. 때문에 자모라는 경사를 오르기 위해 안간힘을 썼다. 순찰차의 타이어가 헛돌긴 했지만 세 차례의 실패 끝에 꼭대기에 다다랐다.

자모라가 보니, 세단 크기의 발광체가 약 140~180미터 정도 떨어진 곳에서 석양과 더불어 빛을 발하고 있었다. 언뜻 보기에는 작은 협곡(마른 수로)에 차량이 전복되어 있는 것 같았으나, 좀 더 가까이 가보니 크롬이 아닌, 알루미늄 색상을 띤 미식축구공 같은 계란형 물체였다.

자모라는 물체 쪽으로 정상을 따라 15미터 정도 이동한 뒤 차를 멈추었다. 그는 경찰서에 무전기로 연락한 후, 기슭으로 내려와 물체에 접근했다.

우르릉! 자모라는 굉음에 다시금 소스라쳤다. 제트기 엔진처럼 오래 지속되거나, 폭발음처럼 짧지도 않았다. 처음에는 낮은 주파수였다가 피치가 서서히 증가했다. 화염은 물체 아래쪽에서 분출했고 상단과 하단에서 각각 푸른색과 오렌지색 화염이 치솟았다. 자모라는 물체가 폭발할 것 같아 몹시 두려웠다.

그는 지형을 이용해 숨으려 하다가 물체를 살피기 위해 고개를 돌렸다. 측면에 붉은색 기호가 시야에 들어왔다. 너비와 폭이 5센티미터 정도 되는 '점'처럼 보였다. 물체는 매끈하고 광택이 나는 흰 알루미늄에 창이나 문은 보이지 않았다. 두 개의 금속성 지지대는 바깥으로 기울어 물체를 지탱하고 있었다.

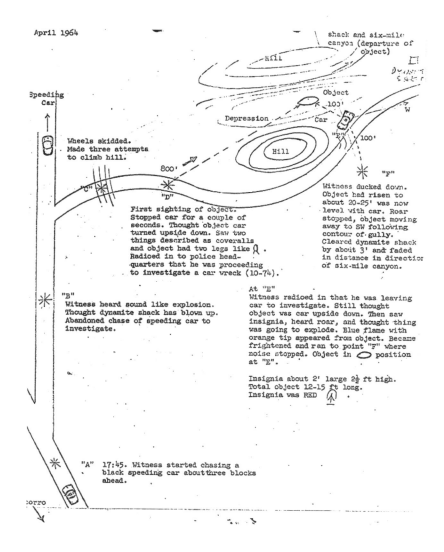

April 1964

shack and six-mile canyon (departure of object)

Speeding Car

Wheels skidded. Made three attempts to climb hill.

800'

Depression

Object

100'

Car

100'

Hill

"C"

"D"

"B"

First sighting of object. Stopped car for a couple of seconds. Thought object car turned upside down. Saw two things described as coveralls and object had two legs like Ω. Radioed in to police headquarters that he was proceeding to investigate a car wreck (10-74).

"F"

Witness ducked down. Object had risen to about 20-25' was now level with car. Roar stopped, object moving away to SW following contour of gully. Cleared dynamite shack by about 3' and faded in distance in direction of six-mile canyon.

Witness heard sound like explosion. Thought dynamite shack has blown up. Abandoned chase of speeding car to investigate.

At "E"
Witness radioed in that he was leaving car to investigate. Still thought object was car upside down. Then saw insignia, heard roar, and thought thing was going to explode. Blue flame with orange tip appeared from object. Became frightened and ran to point "F" where noise stopped. Object in $\bigcirc$ position at "E".

Insignia about 2' large 2½ ft high. Total object 12-15 ft long. Insignia was RED

"A"   17:45. Witness started chasing a black speeding car about three blocks ahead.

:orro

자모라는 차량으로 질주하다가 차의 펜더fender에 다리가 부딪쳐 넘어졌고, 곧 몸을 일으켜 8미터 가량 이동하다 다시 뒤를 보니 물체가 떠오르기 시작했다. 물체는 처음에 차량 정도 높이로 떠올랐다 다시 7, 8 미터 정도 더 치솟았다.

자모라는 순찰차에서 15미터를 달려 언덕 끝자락에서 상체를 숙였다. 그는 몸을 땅에 밀착한 채 얼굴을 팔로 가렸다. 마침내 굉음이 멈췄다. 갑작스런 정적에 두려움을 느낀 자모라는 고개를 들어 비행물체에 시선을 고정했다.

그 물체는 지면에서 3~4미터 높이를 유지하며 남서쪽으로 직진해 그로부터 멀어졌다. 그것은 높이가 2.5미터 남짓 되는 다이너마이트 창고 위를 지나 남서쪽으로 계속 진행하다가 사막 산 등성이 위로 사라졌다.

공군이 착수한 UFO 연구 프로그램 '프로젝트 블루북'을 마지막으로 지휘한 장교였던 헥터 퀸타닐라Hector Quintanilla가 자모라 사건을 담당했다. 조사팀은 자모라가 사실을 보고했으리라 믿고 현장을 철저히 조사했으나 물체가 착륙했던 위치나 그것이 어디서 온 것인지 파악할 수는 없었다. 'UFO 조사The Investigation of UFO's' 라는 제목으로 『정보연구Studies in Intelligence』에 기고한 글에서 그는 자모라 사건을 "기록이 잘 보존된 사례"라고 했다. 비록 그것이 미결사건이었지만.

프로젝트 블루북의 사무실은 오하이오 데이튼 인근의 라이트 패터슨Wright-Patterson 공군기지에 있었다. 1947년에서 69년 사이, 공군은 괴이한 현상을 목격한 사례로 1만 2천 618건을 기록했다 (그 중 자모라 사건처럼 '미확인unidentified'으로 분류된 것은 701 건이다). 중앙정보국(Central Information Agency; CIA)은 프로젝트 블루북에 직접 협력하진 않았지만 1940년대 말과 50년대 초, UFO 연구를 통해 연구단체와 패널 및 프로그램을 창출하는 데 지대한 역할을 했다. 전직 CIA 선임사학자인 제럴드 K. 헤인스Gerald K. Haines는 『정보연구』에서 미확인 비행물체 연구에 대한 당국의 역할을 심층적으로 조명했다. 'CIA, UFO를 연구하다(1947~1990)'에서 그는 "1950년대 초까지는 UFO에 호기심이 아주 많았지만 그 이후로는 한정적이고도 지엽적인 관심에 그쳤다"고 밝혔다.

CIA와 공군은 1940년대 말부터 프로젝트 블루북이 종료된 1969년까지 20여 년간 UFO 조사에 대해 한두 가지 방법을 터득했다. 오늘날 대부분의 정부 관료들과 학자들이 비행접시 보고사례를 1950~60년대에 형성된 '별난 유물quaint relic' 정도로 여기겠지만, '비행접시 기밀flying saucer intelligence'의 역사와 방법론에서 교훈이 될 만한 점이 적지 않다.

비행접시를 연구하는 10가지 방법

1. UFO를 조사·분석하는 단체를 결성하라

1947년 12월 이전에는 UFO를 조사하고 분석하는 조직이 전무했다. 접수된 보고서를 분석하는 방법에 대한 기준도 없었거니와, 목격사례를 비교할 통제실험 결과나 정량데이터도 갖추지 못했다.

공군 항공기술서비스사령부the Air Technical Service Command 소속 사령관 네이턴 트위닝Nathan Twining 장군은 이런 혼란을 막기 위해 1948년 프로젝트 사인Project SIGN을 창설함으로써 정부 내에서 미확인 비행물체와 관련된 모든 정보를 수집, 분석, 감식 및 배포하려 했다. UFO는 실재하며(외계에서 온 비행선은 아닐지라도) 국가안보를 저해할지도 모른다는 것이 전제였다. 결국 프로젝트 사인은 프로젝트 그러지Project GRUDGE에 자리를 내주었고, 1952년 프로젝트 블루북Project BLUE BOOK이 배턴을 이어 받았다.

2. 연구의 목적을 분명히 밝히라

1950년대 초까지만 해도 중앙정보국은 UFO에 대해 관심이 많았다. 확인되지 않은 비행물체가 국가안보를 위협할 수 있었기 때문이다. 대다수의 관료들은 UFO의 기원이 외계에 있을 거라고 믿진 않았다. 그보다는 UFO가 소련의 신무기일지도 모른다는 생각에 조바심이 났을 것이다.

프로젝트 블루북팀은 퀸타닐라의 주문에 따라 연구의 3대 목적을 아래와 같이 정의했다.

1) UFO 신드롬이 미국의 안보를 저해하는지 밝히고
2) UFO 신드롬이 미국의 연구개발에 도입할 만큼 획기적인 기술혁신을 보여주는 증거인지 규명하며
3) 목격자가 UFO를 신고하게 되는 동기가 무엇인지 해명하거나 밝힌다.

프로젝트 블루북은 과거의 동종 프로젝트와는 달리, 외계현상의 개연성을 배제하진 않았지만 연구 및 조사는 대개 국가안보와 소련의 기술혁신에 주안점을 두고 실시되었다.

3. 전문가와 상의하라

1950년대와 60년대를 통틀어, UFO를 조사하기 위한 프로젝트와 패널 및 기타 연구가 미 정부의 지휘와 후원으로 가동되었다. 대

표적인 사례로는 1953년 CIA의 후원으로 창설된 미확인 비행물체에 관한 과학자문패널Scientific Advisory Panel on Unidentified Flying Objects을 꼽는다. '로버트슨 패널'이라는 별칭으로 더 잘 알려졌다. 이 패널명은 저명한 캘리포니아 공대 출신 물리학자 H. P. 로버트슨의 이름을 딴 것인데, 그는 유능한 민간 과학자 패널들과 공조하여 함께 UFO를 연구하는 데 보탬이 된 인물이다. 프로젝트 블루북은 외부 전문가들의 자문을 받기도 했다. 이를테면, 천체물리학자를 비롯하여 연방항공관리와 파일럿, 기상국, 각 지방 기상청, 대학, 국립대기연구센터the National Center for Atmospheric Research, 항공우주국NASA, 코닥Kodak(사진분석을 위해) 및 여러 연구소도 프로젝트에 도움이 되었다. 1960년대 중반에는 세계적인 천문학자 칼 세이건Carl Sagan도 프로젝트 블루북의 자료를 검토하는 패널로 활약한 바 있다. 패널이 제출한 보고서에 따르면, "지구 밖에서 과학기술의 발전이 이루어졌다는 점을 대변하는 UFO 사례는" 찾아볼 수 없었으나, 미확인 비행물체를 둘러싼 문제를 최종적으로 해결하기 위해서는 심층적인 연구가 필요하다고 한다.

4. 접수된 사건을 구성할 보고시스템을 구축하라

미 공군 항공기술정보센터(Air Technical Intelligence Center ; ATIC)는 UFO 목격자의 신고를 접수할 때 사용할 설문지를 개발하여, 블루북 프로젝트가 진행될 때 이를 활용해왔다. 미지의 현상이 과연 무엇일지 밝히는 데 필요한 정보를 충분히 제공하기 위해 설문이 사용된 것이다. UFO가 목격된 시간과 일자, 시각, 장소, 하늘에서 포착된 위치, 날씨, 출현하거나 사라진 과정 등은 접수된 미확인 비행물체를 분석하는 데 필요한 단서였다.

프로젝트 블루북팀은 그들이 의심하는 바를 기준으로 하여 목격 유형을 분류했다. 이를테면, 천체Astronomical는 별과 행성, 혜성, 화구, 유성 및 오로라 등등 이며, 항공기Aircraft는 프로펠러식 항공기와 제트기, 연료주입기, 촬영용 항공기, 광고용 항공기 및 헬리콥터 등을 가리키며, 이 외에는 기구나 풍선Balloons, 위성Satellites과 기타Other(미사일, 반사광, 신기루, 탐조등, 조류, 연, 레이더 착오, 허위신고, 폭죽 및 플레어(flares, 카메라 렌즈의 내부 반사나 지나치게 밝은 피사체로 인한 난반사로 필름에 나타나는 밝은 부분을 가리킨다–옮긴이))를 비롯하여, 부족한 데이터Insufficient Data 및 미확인Unidentified으로 구분된다. 퀸타닐라는 "명백히 어떤 타당한 가설을 제시하는데 충분한 모든 데이터를 담고 있으나 이미 알려진 물체나 현상을 기술하는 것과는 무관해 보이는 목격 보고를 '미확인'으로 분류한다"고 밝혔다.

PROJECT 10073 RECORD CARD

1. DATE	LOCATION	12. CONCLUSIONS
24 April 1964	Socorro, New Mexico	□ Was Balloon / □ Probably Balloon / □ Possibly Balloon
3. DATE-TIME GROUP	4. TYPE OF OBSERVATION	□ Was Aircraft / □ Probably Aircraft / □ Possibly Aircraft
Local 1745 / GMT 25/0045Z	☒Ground-Visual □ Ground-Radar / □ Air-Visual □ Air-Intercept Radar	□ Was Astronomical / □ Probably Astronomical / □ Possibly Astronomical
5. PHOTOS □ Yes Physical Spec ☒ No	6. SOURCE / Civilian	□ Other UNIDENTIFIED / □ Insufficient Data for Evaluation / ☒ Unknown
7. LENGTH OF OBSERVATION	8. NUMBER OF OBJECTS	9. COURSE
Less than 10 minutes	one	Stationary,SW or West
10. BRIEF SUMMARY OF SIGHTING		11. COMMENTS
Sighting of landing by Lonnie Zamora. / SEE CASE FILE.		Initially believed to be observation of Lunar module type cofiguration. Effort to date cannot place vehicle at site. Case carried as UNIDENTIFIED pending additional data.

ATIC FORM 329 (REV 26 SEP 52)

5. 오류를 제거하라

UFO의 실체 중 개연성이 있거나 이미 알려진 것은 제거하여 소수의 '해명불가' 사례에 주안점 두라. 연구자는 흔히 발견할 수 있는 원인을 제거하기 때문에 정말 밝혀지지 않은 사건에 주목할 수 있는 것이다.

초기 연구에서 밝혀진 UFO의 실체는 오인한 항공기(1950년대 말과 60년대 당시, 신고된 UFO 중 절반 이상은 U-2와 A-12 및 SR-71 항공기로 판명되었다)와 천체현상, 군중 히스테리 및 환각, '전쟁 히스테리'와 '한여름의 광기(midsummer madness, '광란의 극치'라는 뜻도 있다–옮긴이),' 허위신고, 선전활동 및 잘못 본 물체라고 한다.

역사도 실마리가 될 수 있다. 예컨대, 1953년 로버트슨 패널은 UFO가 '푸 파이터스Foo Fighters'의 소행일 때도 있었다는 흥미로운 사실을 발표했다. 푸 파이터스는 근대에 알려진 UFO 현상 보다 과거로 거슬러 올라간다. "2차 대전 당시, 유럽과 극동 지역에서 작전활동을 벌이다 보면 정체불명의 '빛 덩어리'가 전투기 주변을 빠른 속도로 이동하는 것을 조종사가 목격하곤 했는데 지금까지는 정전기(성 엘모의 불과 같이)나 전자기 현상으로 알려졌으나 … 정확한 원인이나 본질은 규명되지 않았다고 한다. '비행접시'가 1943~45년에 있었다면 이를 그렇게 불렀을지도 모른다."

6. UFO로 오인하기 쉬운 항공기나 대기현상을 규명할 방법론을 개발하라

UFO 목격담을 정확히 분석하려면 대기현상과 여러 항공기의 특징을 밝혀두는 것이 중요하다. 일반(혹은 비밀군용) 항공기를 UFO 로 오인하기 쉽기 때문이다. 블루북 프로젝트는 속출하는 목격 담을 면밀히 조사하기 위해 UFO가 기존의 항공기나 대기현상을 착각할 가능성이 있는지부터 밝히는 방법론을 개발했다. 관계자 들은 항공기의 유형이나 천체현상의 특징을 구체적으로 작성해두 었으며, 연구자의 분석을 돕기 위해 UFO 목격자가 오인할 수 있 는 경위도 파악해두었다.

7. 목격자가 제출한 자료를 검증하라

사진이나 동영상 혹은 녹음기록은 신고된 UFO를 분석하는 데 큰 도움이 된다. 로버트슨 패널이 실시한 목격사례로 1952년 '유타 트레몬톤에 출몰한 UFO 사건'이 유명하다. 당시 부부와 두 자녀는 트레몬톤 외곽으로 뻗은 30번 주도로를 타고 이동하 던 중, 10~12개 정도 되는 희미한 발광체가 서쪽으로 이동하는 모습을 포착했다고 한다. 이때 남편은 물체 일부를 카메라에 담 을 수 있었다.

이 사례는 '코다크롬 동영상 필름(약 1600 프레임)이라는 훌륭한 증거자료'를 남긴 덕분에 중요한 사건으로 알려졌다. 패널은 필

름과 사례역사, 항공기술정보센터ATIC의 해석을 검토하고는 USN
사진판독연구소 대표단의 브리핑을 들었다. 이 UFO는 새나 기구
(풍선), 혹은 항공기나 반사된 빛이 아니라 '자체발광체self-luminous'
라고 연구소는 주장했다. 그러나 패널은 '스스로 빛을 발한다'
는 해명에는 동의하지 않았다. 대조실험을 해보면 육상에서도 이
를 충분히 해명해낼 수 있다고 생각했기 때문이다.

출처: 미 중앙정보국 홈페이지

8. 대조시험을 실시하라

유타 트레몬톤 사례를 조사하던 로버트슨 패널이 주장했듯이 (7에서 언급한 바와 같이), 대조실험은 미지의 현상을 재현하는 데 필요할 수도 있다. 트레몬톤 사례에 대해 패널은 현장에서 일기가 비슷할 때 거리가 다른 지점에서 '베개형 풍선'을 촬영해보자고 종용했다. 그러면 필름에 담긴 물체가 '스스로 빛을 발한다self-luminous'는 이론은 여지없이 오산으로 밝혀질 거라고 믿었다. 하지만 비용이 만만치 않아 실험은 포기해야 했다.

9. 물리적·법의학적 증거를 수집·검사하라

(도입부에서 다룬) 자모라 사건에서 퀸타닐라는 조사 과정을 통틀어 "사람이 검증할 수 있는 점은 모두 확인했다"고 주장했다. 이를테면, 착륙지점에서 방사선이 검출되는지 알아보기 위해 커틀랜드 공군기지Kirtland Air Force Base에서 가이거 계수기Geiger counters를 들여오는가 하면 토양샘플을 공군재료연구소에 보내기도 했다는 것이다. "토양을 분석해보니 외부 물질은 없는 것으로 나타났다. 착륙지점과 주변의 방사선 수치도 정상이었고, 연소된 나뭇가지를 조사해본 결과 추진체에서 비롯된 것으로 추정될 법한 화학물질 또한 검출되지 않았다"고 퀸타닐라는 밝혔다. "결과는 모두 '아니다'였다." 즉, 자모라가 겪은 기이한 현상을 해명할 방법은 없었다는 것이다.

출처: 미 중앙정보국 홈페이지

10. 허위신고를 차단하라

로버트슨 패널은 "공중을 비행하는 것 중 확인할 수 없는 물체는 거의 다 접수할 수 있는 미세채널을 가동시켰다"는 사실을 알게 되었다. 이는 "소음과 신호"를 구분해낼 필요가 있다는 교훈을 주는 고전적인 사례다. 허위신고나 대수롭지 않은 정보가 속출하다 보면 주목하거나 조사할 가치가 있는 사건은 찾기가 점점 더 어려워질 수밖에 없다.

1950년대 초 중앙정보국은 냉전의 긴장과 소련의 전투력 강화로, 적국(소련)이 UFO 신드롬을 통해 집단 패닉과 히스테리 사태를 불러일으킬지 모른다고 우려했다. 혹시라도 소련이 UFO 목격담을 역이용하여 경보시스템의 과부하를 유도한다면 실제 적기와 UFO를 구분해 내지 못하는 위기상황도 초래할 수 있을 것이다.

로버트슨 패널은 허위신고를 줄이기 위해 군 당국과 연구자 및 국민을 대상으로 공익교육을 실시하여 UFO로 오인하기 쉬운 현상이나 물체를 그들 스스로 구별해낼 수 있도록 했다. 예컨대, 당국은 사병과 장교 및 연구원에게, 평소에는 보기 힘든 발광체(기구나 풍선 혹은 항공기 반사광)뿐 아니라 자연현상(유성과 화구, 신기루 혹은 야광구름)도 정확히 식별할 수 있는 교육을 권했다. 그리하여 UFO로 착각하기 십상인 물체를 정확히 파악하는 법을 터득하게 된 연구원은 허위보고를 신속히 가려내어 '미해명 물체'를 규명하는 데 정신을 집중할 수 있었다.

CIA, UFO를 연구하다

(1947~1990)

기밀해제 | 제럴드 K. 헤인스

잊을만하면 불거지는 UFO 문제

조사에 따르면, 미국인 중 미확인 비행물체UFO에 대한 이야기나 기사를 듣거나 본 사람은 무려 95퍼센트나 되고, UFO의 존재를 믿는 사람도 57퍼센트는 된다고 한다.[1] 카터와 레이건 전 대통령도 UFO를 목격했다고 하며, 'UFO론자(UFOlogist, UFO 연구에 매진하는 사람을 뜻하는 신조어)' 뿐 아니라 사립 UFO 연구단체도 미국 전역에서 볼 수 있을 정도로 많아졌다. 미 정부, 특히 중앙정보국CIA가 가공할 음모를 꾸미며 UFO에 대한 진실을 은폐하고 있다는 사

---

(1) 『뉴욕타임스(1973년 11월 29일자, 45페이지)』에 게재된 갤럽 조사결과와, 필립 J. 클라스 Phillip J. Klass가 저술한 『UFO: 대중의 눈을 속이다UFOs: The Public Deceived(뉴욕: 프로메테우스 북스, 1983, 3페이지)』를 참조하라.

람도 한둘이 아니다. CIA가 UFO 연구를 극비리에 진행해왔다는 주장은 UFO 신드롬이 불거진 1940년대 말 이후 UFO 마니아의 단골 화제였다.[2]

1993년 말, 미확인 비행물체에 대한 정보를 추가로 공개하라는 'UFO론자들'의 압박으로[3] 당시 중앙정보국 국장이었던 R. 제임스 울시James Woolsey는 그간 수집한 UFO 파일 검토를 주문했다. 필자는 당시 보고서에 담긴 CIA의 기록물을 참조하여 1940년 말에서 90년까지 CIA가 UFO 신드롬에 관심을 보이며 그에 개입하게 된 경위를 추적해나갈까 한다. 그리고 UFO의 정체를 해명해 내려는 당국의 노력과, UFO 목격담에 영향을 준 프로그램과, UFO를 조사한 사실을 숨기려 한 경위도 연대순으로 살펴볼 것이다. CIA는 1950년대 초까지는 UFO에 호기심이 아주 많았지만 그 이후로는 한정적이고도 지엽적인 관심에 그쳤다.

---

(2) 『UFO: 대중의 눈을 속이다, 3페이지』, 제임스 S. 고든James S. Gordon, 『UFO 체험The UFO Experience(월간 애틀란틱Atlantic Monthly(1991년 8월, 82-92페이지)』, 데이비드 마이클 제이콥스David Michael Jacobs, 『미국의 UFO 논란The UFO Controversy in America (블루밍턴: 인디애나 대학 출판부, 1975년)』, 하워드 블럼Howard Blum, 『저 너머에: 정부의 외계인 탐색 작전Out There: The Government's Secret Quest for Extraterrestrials(뉴욕: 사이먼 앤 슈스터, 1990년)』, 티모시 굿Timothy Good, 『일급기밀을 넘어: 세계적인 UFO 은폐사태Above Top Secret: The Worldwide UFO Cover-Up(뉴욕: 윌리엄 모로, 1987년)』 및 휘틀리 스트리버Whitley Strieber, 『커뮤니언: 실화Communion: The True Story (뉴욕: 모로, 1987년)』을 참조하라.

(3) 1993년 9월, 울시의 지인인 존 피터슨John Peterson이 정보국 국장과 처음 접촉했다. 당시 CIA가 UFO론자인 스탠튼 T. 프리드먼Stanton T. Friedman에게 밝힌 UFO관련 자료는 삭제된 기밀사항이 상당히 많았다. 이때 피터슨과 프리드먼은 자료에 손을 댄 이유를 알고 싶어 했고, 울시는 그렇게 된 경위를 조사하겠다고 했다. 리처드 J. 워쇼Richard J. Warshaw 수석보좌관이 1994년 11월 1일 필자에게 건넨 메모를 비롯하여, 그가 정보 및 사생활보호 조정관인 존 H. 라이트John H. Wright에게 보낸 쪽지와, 1994년 3월 2일 비서실장에게 보인 비망록도 참조하라. (별도의 설명이 없으면, 이 글에 인용된CIA 기록은 1994년 국장 보좌관이 정보국 내에서 찾은 것으로 보면 된다)

배경

UFO 목격보고는 1947년 미국과 소련이 냉전으로 대치국면에 접어들 즈음부터 쇄도하기 시작했다. 미국 상공에 최초로 "비행접시flying saucer"가 출몰했다는 소식은 1947년 6월 24일, 민간비행사이자 저명한 사업가인 케네스 아놀드Kenneth Arnold가 워싱턴 레이니어산Mt. Rainier 근방에서 시속 1,000마일로 비행하며 추락한 기체를 찾던 중, 원반형 물체 아홉 기를 목격하면서 세상에 드러났다. UFO 목격자의 효시가 된 된 아놀드를 필두로, 미국 전역에서는 관제소뿐 아니라, 민군 조종사의 보고사례 등, 숱한 목격담이 접수되었다.[4] 1948년, 공군 항공기술서비스사령부 소속 사령관 네이턴 트윙 장군은 프로젝트 사인Project SIGN(초기엔 프로젝트 소서Project SAUCER라 불림)을 도입, 정부 내에서 UFO에 관련된 모든 정보를 수집·분석·평가 및 배포했다. UFO가 실재하는 것이라면 국가안보에 타격을 가할지도 모른다는 전제가 있었기 때문이다.[5]

---

(4) 헥터 퀸타닐라 2세Hector Quintanilla, Jr., 『UFO연구The Investigation of UFOs』10권 중 네 번째, 『정보연구Studies in Intelligence(1966년 가을호, 95-110페이지)』, CIA, 미결재 비망록 『비행접시Flying Saucers(1952년 8월 14일)』. 굿이 집필한 『일급기밀을 넘어(253페이지)』도 참조하라. 2차 대전 당시, 미국 조종사가 "푸 파이터스(foo fighters, 전투기를 좇는 밝은 광원)"를 목격했다고 보고한 적도 있다. 전략사무국(OSS)은 그것이 일본이나 독일의 비밀병기일지도 모른다는 의구심에 조사에 착수했으나, 적기라는 증거는 찾을 수 없어 해당 보고서를 '미제' 항목으로 분류했다. 전략사무국은 혹시라도 독일산 V-1과 V-2 로켓이 실전에 투입되기 전에 시험했을 개연성을 두고 조사를 벌이기도 했다. 제이콥스가 쓴 『미국의 UFO 논란(33페이지)』을 참조하라. CIA의 전신인 중앙정보그룹the Central Intelligence Group은 1946년 스웨덴에서 보고된 '유령 로켓ghost rockets'을 감시하기도 했다. 아울러 CIG, 『인텔리전스 리포트Intelligence Report(1947년 4월 9일자)』도 참고하라.

(5) 제이콥스가 쓴 『미국의 UFO 논란(156페이지)』, 퀸타닐라, 『UFO연구(97페이지)』

오하이오 데이튼에 자리 잡은 라이트 필드Wright Field(훗날 라이트 패터슨 공군기지가 된다)소재 공군군수사령부(the Air Material Command, 미 공군의 군수지원을 담당한 공군장관 직속부대를 가리킨다 – 옮긴이)산하 기술정보부the Technical Intelligence Division는 '프로젝트 사인'의 지휘권을 위임받아 1948년 1월 23일 본격적인 임무를 개시하게 된다. 공군은 비행물체가 소련의 비밀병기일지도 모른다며 우려했지만 나중에는 쉽게 확인할 수 있는, 특이할 것이 없는 대상으로 단정했다. UFO의 실체는 인정한 셈이다. 공군이 꼽은 목격담의 원인은 세 가지 정도로, 군중 히스테리와 망상, 위조 혹은 착각이라고 했다. 그럼에도 보고서는 공군의 첩보지휘권 연장을 권고하는가 하면, 외계현상에 대한 가능성도 배제하지 않았다.[6]

1940년대 말, UFO 목격담이 연신 속출하자 공군은 '프로젝트 그러지GRUDGE'를 개설하여, UFO 데이터를 수집·분석했고 공익광고를 통해 "UFO는 기묘하거나 특이한 대상이 아니다"라고 설득하며 국민의 우려를 잠재우고자 했다. UFO는 풍선(열기구)이나 재래식 항공기, 행성, 유성, 착시현상, 빛 반사 혹은 '조금 큰 우박'인 것으로 확인되기도 했다. 프로젝트 담당 관리는 UFO가 해외 당국이 설계·개발한 첨단병기와 관계가 있다는 증거는 없으며 자국의 안보를 위협하지도 않는다고 주장했다. 아울러 당국은 공군이 UFO에 공식적으로 관심을 두고 있었다는 사실이 알려지면 UFO에 대한 맹신을 부추겨 '전쟁 히스테리'의 원인이 될 수

---

(6) 미 공군, 공군군수사령부, 『미확인 비행물체: 프로젝트 사인Unidentified Aerial Objects: Project SIGN, no. F-TR 2274, IA (1949년 2월)』. 미 공군, 공군 물자사령부, 『미 공군사령부 문서, 활동 및 조직, 기록그룹 341, 국가기록원, 워싱턴 DC』

있기 때문에 프로젝트 축소를 권했다. 마침내 공군은 1949년 12월 27일, 프로젝트 종료를 선언한다.[7]

냉전으로 양국의 긴장이 고조되고 6·25전쟁이 발발한 중에도 목격담이 끊이질 않자, 공군 첩보사령관 찰스 P. 캐벨Charles P. Cabell 소장은 1952년 또 다른 UFO 프로젝트 개설을 주문했다. 그리하여 블루북BLUE BOOK이 1950년대와 60년대를 향유한 공군의 주요 UFO 연구 프로젝트가 되었다.[8] UFO의 정체를 해명하고 확인하는 임무는 라이트패터슨에 자리 잡은 공군물자사령부 소관이었다. 공군항공기술정보센터(ATIC)는 적은 스태프와 함께 UFO의 정체가 부풀려졌다며 국민을 설득했다.[9] 미 정부가 향후 30년간 취하게 될 입장의 기조를 프로젝트 사인과 그러지, 그리고 블루북이 마련한 셈이다.

---

(7) 미 공군, 『프로젝트 그러지와 블루북 리포트 1~12Projects GRUDGE and BLUEBOOK Reports 1-12(워싱턴 DC; 국립 비행현상연구위원회National Investigations Committee on Aerial Phenomena, 1968)』. 미 공군과 제이콥스의 『UFO 논란(50~54페이지)』를 참조하라.

(8) 캐벨, 공군 사령관에 보고한 비망록, 『비재래식 항공기에 관한 정보Reporting of Information on Unconventional Aircraft(1950년 9월 8일)』, 제이콥스 『UFO 논란(65페이지)』를 참조하라.

(9) 공군, 『프로젝트 그러지와 블루북 리포트』 및 제이콥스의 『UFO 논란(67페이지)』를 참조하라.

1947~52년, 이제 막 걸음마를 뗀 CIA

CIA는 공군의 활동을 면밀히 주시해왔다. 목격담이 속출하고 있다는 것도 문제지만, UFO가 국가안보를 저해할지도 모른다는 우려가 점차 커졌기 때문이다.[10] CIA 관리에 따르면, 1952년 UFO 신드롬이 확산되어가는 정황으로 미루어 혹시 "한여름의 광기(midsummer madness, '광란의 극치'라는 뜻도 있다―옮긴이)"가 도진 것이 아닌가 싶은 의구심이 들었다고 한다.[11] 당국은 UFO 목격사례에 대한 공군의 입장에 동감했음에도 "행성을 오가는 우주선일 가능성은 매우 희박하나 신고된 사례는 계속 조사해야 한다"는 결론을 피력했다.[12]

1952년(특히 7월) UFO를 목격했다는 사례가 미국 전역에 기하급수적으로 늘자 트루먼 행정부가 술렁였다. 7월 19~20일에는 워싱턴 국립공항과 앤드류 공군기지Andrews Air Force Base에서 알 수 없는 물체가 레이더망에 포착되었다가, 같은 달 27일에 다시 나타난 적도 있다. 이때 공군은 부랴부랴 요격기를 출격시켰으나 아무것도 찾아내지 못했다. 아니나 다를까, 언론은 이를 1면 톱기사로 보

---

(10) 에드워드 타우스, 과학정보국 부국장보에게 제출한 비망록 "비행접시(1952년 8월 1일)"를 참조하라. 영국 '비행접시' 특별조사위원회의 『미확인 비행물체 Unidentified Flying Objects(정확한 날짜는 모르나 1950년으로 추정)』도 참고하라.

(11) 과학정보국 소속 스톤 박사가 1949년 3월 윌라드 마이클 박사에게 전한 비망록과, 랄프 L. 클라크 차장 대행이 부국장보에게 보고한 비망록 "최근 접수된 미확인 물체 목격사례 Recent Sightings of Unexplained Objects(1952년 7월 29일)"를 참조하라.

(12) 스톤, 마이클에게 전한 비망록. 클라크 차장 대행이 부국장보에게 보고한 비망록(1952년 7월 29일)"도 참조하라.

도했다. 백악관이 확인을 촉구하자 공군은 서둘러 성명을 발표했다. 레이더 이상반응은 "기온 역전 현상" 탓일 공산이 크다는 것이었다. 얼마 후, 민간 항공청도 그 같은 레이더 반응은 기온의 역전으로 벌어진 것이며 매우 흔한 현상이라고 해명했다.[13]

CIA는 최소 3년간 UFO 사례를 주시했지만, 목격담이 다발적으로 급증하면 과학정보국the Office of Scientific Intelligence(OSI)과 현용정보국Office of Current Intelligence(OCI)내에서 특별연구단을 조직하여 관련문제를 검토하기도 했다.[14] OSI 무기설비부 소속 에드워드 타우스Edward Tauss 부국장보에 따르면, UFO의 정체는 대부분 쉽게 밝혀낼 수 있다고 한다. 그럼에도 CIA는 항공기술정보센터(the Air Technical Intelligence Center; ATIC)와 협력하여 UFO 사례를 계속 감시해야 한다고 그는 조언했다. 중앙정보국이 UFO에 관심을 두고 있다는 사실은 국민과 언론이 알 수 없도록 입단속도 철저히 주문해 두었다. 단순한 관심을 '기정사실'로 단정하려는 음모론자가 소동을 벌일지도 모르기 때문이다.[15]

---

(13) 『UFO: 대중의 눈을 속이다(15페이지)』를 참조하라. 워싱턴 목격담 브리핑 자료는 굿의 『일급기밀을 넘어(269~271페이지)』를 참조하라.

(14) 랄프 L. 클라크 차장 대행, 과학정보국 소속, 1952년 7월 29일, 로버트 애머리 부국장에게 보낸 비망록을 참조하라. 과학정보국과 현용정보국OCI는 둘 다 정보국이었다. 과학정보국은 1948년에 설립, 해외의 과학기술개발 현황을 분석하는, CIA의 중심기관으로 활약했다. 1980년, 과학 정보국은 과학무기연구국으로 통합되었고, 현용정보국(OCI)은 1951년 1월 15일에 출범했으며 대통령과 국가안전보장회의에 출처를 막론한 모든 정보를 제공해왔다.

(15) 타우스, 과학정보국 부국장보에게 보낸 비망록(필립 스트롱), 1952년 8월 1일.

정보국 부국장인 로버트 애머리 2세Robert Amory, Jr.는 이 같은 보고서를 받고는 과학정보국 물리전자부에 UFO 연구를 일임했다. 당시 담당관리는 A. 레이 고든A. Ray Gordon이었다.[16] 각 부서가 저 나름대로 조사를 벌이는 동안 고든은 ATIC와 면밀히 협력할 참이었다. UFO 신드롬이 국가안보에는 어떻게 작용할지에 촉각을 곤두세우라고 주문한 애머리는 중앙정보국의 월터 베델 스미스 국장의 지침을 전달했다.[17] 스미스는 공군이 객관적인 시각으로 비행접시를 조사하고 있는지의 여부뿐 아니라, 빈도는 낮지만 해명할 수 없었던 비행물체의 정체를 규명하는 데 필요한 자금과 인력이 얼마나 필요한지 알고 싶어 했다. 아울러 그는 "UFO가 안보를 위협할 가능성은 1만 분의 일로 극히 희박하지만 그렇다고 적당히 넘겨선 안 된다"고 역설했다. UFO 문제를 해결하는 데 필요한 첩보활동을 조직하는 것이 CIA의 본무라고 스미스는 확신했다. 또한 그는 UFO 신드롬이 심리전에는 어떻게 적용될지도 궁금해 했다.[18]

고든이 이끄는 CIA 연구단은 라이트패터슨 기지에서 공군 장교와 회동하여 그들이 수집한 자료와 보고서를 검토했다. 공군

---

(16) 1952년 1월 2일, 월터 베델 스미스Walter Bedell Smith 국장은 정보를 분석하여 이를 정책입안자에게 보고하기 위해 일반에 공개된 CIA 기관(과학정보국을 비롯하여, 현용정보과 수집배포국Office of Collection and Dissemination, 국가예측국Office National Estimates, 보고조사국Office of Research and Reports 및 정보조정국 Office of Intelligence Coordination)을 통합하여 2차 정보본부DDI를 창설했다.

(17) 1952년 8월 11일, 본부장 회의록을 참고하라.

(18) 스미스는 고위간부들이 자리한 정보국 회의장에서 소견을 발표했다. 부국장에게 전달된 비망록과 1952년 8월 20일, 작전기록본부 소속 정보관리요원(Job 86-00538R, Box 1)이 작성한 보고서도 아울러 참조하라.

에 따르면, 접수된 사례 중 90퍼센트는 정체를 쉽게 확인할 수 있는 반면, 나머지 10퍼센트는 "신빙성이 높은 목격자가 신고했지만 믿기 힘든 사례가 태반"이었다고 한다. 또한 UFO가 미국 및 소련의 비밀병기나 '화성인'과 관계가 있다는 주장은 뒷받침할 만한 증거가 없다며 일축했다. 브리핑을 준비한 공군 관계자는 UFO를 가리켜 물체를 혼동하거나, 거의 알려지지 않은 자연현상이었다고 해명했다.[19] 한편, 당국이 UFO에 관심을 두고 있다는 사실이 밖으로 새어나가면 문제가 더 심각해질 거라는 데는 공군과 CIA 관리의 견해가 일치했다.[20] 이처럼 CIA가 개입 사실을 숨긴 것은 훗날 음모설과 은폐설이 난무하게 된 원인 중 하나로 꼽는다.

CIA 연구단은 소련에 UFO 관련기사가 있는지 검색해봤지만 찾지 못했다. 소련 정부가 이를 고의로 은폐했기 때문에 보고된 사건이 없을 거라고 당국은 추정했다. 소비에트 연방이 UFO를 심리전의 수단으로 악용할지 모른다는 가설도 배제하지 않았다. 게다가 UFO 탓에 공습경보 시스템에 무리가 간다면 소련이 불시에 핵공격을 감행할지도 모른다며 우려하기도 했다.[21]

냉전으로 양국의 긴장이 고조되고 소련의 군사력이 증대됨

---

(19) CIA 미결재 비망록 『비행접시(1952년 8월 11일)』을 참조하라.

(20) CIA 미결재 비망록 『비행접시(1952년 8월 14일)』을 참조하라.

(21) CIA 미결재 비망록 『비행접시(1952년 8월 19일)』을 참조하라.

에 따라, CIA 연구단은 UFO 소동에도 국가안보에 촉각을 곤두세워야 했다. 소련이라면 UFO 목격담을 군중 히스테리와 패닉의 도화선으로 이용하고도 남을 거라고 확신했기 때문이다. 소련이 UFO로 공습경보 시스템을 교란시키면 레이더가 적기와 엉터리 UFO를 구별해 내지 못할 수 있다는 주장도 제기되었다. 과학정보국의 H. 마셜 채드웰H. Marshall Chadwell 차장은 UFO 신드롬이 매우 중대한 사안인 만큼 "지역사회가 연합하여 해결방안을 모색할 수 있도록 국가안전보장회의(the National Security Council ;NSC)에 이를 회부해야한다"고 덧붙였다.[22]

채드웰은 1952년 12월, 미확인 비행물체를 주제로 중앙정보국의 스미스 국장에게 브리핑을 실시했다. 이때 그는 "즉각적인 조치가 필요한 사태가 벌어지고" 있는데 "매우 높은 고도에서 엄청난 속도를 내는 해명 불가의 물체들이 주요 방어기지 근방에서 목격된다는 사실로 미루어, UFO는 기존의 항공기나 자연현상으로 치부할 수 없다는 확신에서" 신속한 조치를 촉구했다. 그는 중앙정보국 국장이 국가안전보장회의(NSC)에 제출할 비망록 초안을 작성하여, UFO 조사를 첩보·방위연구개발 기관의 우선과제로 삼으라는 NSC 지령을 제안했다.[23] 또한 채드웰은 고위 실무자가 UFO를 연구할 수 있도록 외부 프로젝트를 설치해야 한다고 스

---

(22) 1952년 9월 17일, 채드웰이 스미스에게 보고한 비망록과 비망록 『비행접시(1952년 9월 24일)』을 참조하라. 아울러 1952년 10월 2일 비망록을 비롯하여, 클라스의 『UFO: 대중의 눈을 속이다(23~26페이지)』도 참고하라.

(23) 1952년 12월 2일, 채드웰이 문서를 첨부하여 국장에게 보고한 비망록. 클라스의 『UFO: 대중의 눈을 속이다 (26~27페이지)』와 1952년 11월 25일 채드웰이 작성한 비망록을 참조하라.

미스 국장을 설득하기도 했다.[24] 브리핑 후 국장은 로버트 애머리 부국장에게 UFO를 계속 조사하고, 이를 위해 공군과 협력해야 한다는 NSC 첩보지령(NSCID)을 마련하라고 지시했다.[25]

1952~53년, 로버트슨 패널 출범

1952년 12월 4일, 정보자문위원회(the Intelligence Advisory Committee: IAC)가 UFO 연구의 바통을 이었다.[26] 당시 국장대리였던 애머리는 UFO 문제를 비공식석상에서 논의해야겠다는, 스미스 국장의 요청을 위원회에 전달했다. 채드웰은 현황을 비롯하여, UFO와 관련된 ATIC의 실무 프로그램을 간략히 발표했다. 위원회는 "그간 접수된 증거를 타당한 과학적 이론에 비추어 검토·분석하고, NSCID의 초안을 구성하려면 선정된 실무자의 협력을 요청해야 한다"는 데 공감했다.[27] 공군 정보국장인 존 A. 샘포드John A.

---

(24) 1952년 11월 25일, 채드웰의 비망록과 '원칙상의 승인: 미확인 비행물체에 관한 외부 연구프로젝트Approval in Principle'을 참조하라(작성일 미상). 과학정보국 필립 G. 스트롱의 비망록 'MIT 공대 행정부총장 겸 교무처장인 줄리어스 A. 스트래튼 박사와, MIT 국제연구센터(CENIS) 대표인 맥스 밀리컨 박사와의 회동'도 아울러 참조하라. 이를 위해 스트롱은 스미스 국장의 전폭적인 후원이 필요할 거라고 확신했다.

(25) 채드웰이 정보국 국장에게 보낸 비망록, '미확인 비행물체(1952년 12월 2일자)'를 참조하라. 그가 애머리 부국장의 결재를 받은 비망록 '원칙상의 승인: 미확인 비행물체에 관한 외부 연구 프로젝트'를 참조하라(작성일 미상)도 참고하라.

(26) 정보자문위원회IAC는 1947년에 창설되었다. 첩보활동 요건을 갖추는 데 필요한 중재기구 역할을 감당했다. 정보국 국장이 위원장인 IAC는 국무부와 육·공군, 합동참모부, 연방수사국FBI 및 아세안경제공동체AEC 대표로 구성되었다.

(27) 클라스의 『UFO: 대중의 눈을 속이다(27페이지)』를 참고하라.

Samford 소장은 전폭적인 협조를 약속했다.[28]

　이와 관련하여 영국의 활동을 유심히 관찰한 채드웰은 그들도 UFO 연구에 매진하고 있었다는 사실을 알게 된다. 1951년 6월 비행접시 연구를 위해 결성된 상임위원회는 저명한 과학자 R. V. 존스Jones가 이끌었다. 존스 및 위원회의 결론 또한 중앙정보국과 대동소이했다. 이를테면, 목격된 비행물체는 적기가 아니라 착각을 일으킨 자연현상이었다는 것이다. 하지만 최근 에어쇼에서는 공군 파일럿과 수석장교가 "틀림없는 비행접시"를 목격했다고 영국 위원회는 강조했다. 한 관리에 따르면, 존스는 언론의 과민반응 탓에 UFO를 둘러싼 여론을 바로잡느라 안간힘을 썼다고 한다. 국민은 미확인 비행물체의 존재를 굳게 믿고 있었다.[29]

　1953년 1월, 채드웰은 UFO를 조사하기 위해 캘리포니아 공대 출신 물리학자 H. P. 로버트슨Robertson과 함께 민간과학자패널을 결성했다. 의장은 로버트슨이 선임되었고, 패널 멤버로 브룩헤이븐 국립연구소 핵물리학자 새뮤얼 A 굿스미트Samuel A. Goudsmit와 고에너지 물리학자인 루이스 알바레즈Luis Albarez, 그리고 존스 홉킨스 작전연구소의 손튼 페이지Thornton Page 부소장을 비롯하여, 레이더 및 전자설비 전문가와 지구물리학 전문가 겸 브룩헤이븐 국

---

(28) 리처드 D. 드레인Richard D. Drain, 정보자문위원회 비서관 대행, 1952년 12월 4일, 'CIA 행정처, 국장 회의실에서 작성된 회의록'을 참조하라.

(29) 채드웰, 1952년 12월 18일, '영국의 UFO 연구활동'을 참조하라.

립연구소 소장인 로이드 버크너Lloyd Berkner가 합류했다.[30]

패널의 역할은 UFO 증거를 검토하고, 국가안보를 저해할만한 변수는 없는지 확인하는 것이었다. 위원들은 1953년 1월 14일에서 17일까지 회의를 가졌다. 패널은 공군이 UFO 사례를 연대순으로 정리한 자료를 검토해가며, UFO 현상을 12시간 정도 분석한 후 (전부는 아니더라도) 대다수는 타당한 해명이 가능하다는 주장을 내놓았다. 이를테면, 1952년 7월 2일 유타 트레몬톤Tremonton 근방과, 1950년 8월 15일 몬태나 그레이트폴스Great Falls에서 포착된 UFO 영상을 분석한 패널은 트레몬톤 영상에 등장하는 물체는 햇빛이 반사된 갈매기였고, 그레이트폴스 영상은 공군 전투기 두 대 표면에 빛이 반사되어 오해를 불러일으킨 것이라고 해명했다.[31]

패널은 UFO가 국가안보에 타격을 입힌다는 증거는 없다는 데 입을 모았다. 목격된 물체가 외계에서 왔으리라는 주장 역시 사실 무근이라고 역설했으나, UFO 신고에 계속 정신이 팔리다 보면 정부의 "제대로 된 기능the orderly functioning"을 저해할 수 있다고 보았다. 예컨대, 사실과 무관한 보고로 통신채널이 마비되고 당국의 권위를 해치는 "군중 히스테리"가 발동할 수도 있으니 말이다. 또한

---

(30) 채드웰이 1953년 1월 9일 정보국 국장에게 보낸 비망록 '미확인 비행물체 자문위원 Consultants for Advisory Panel on Unidentified Flying Objects'을 참고하라. 커티스 피블스, 『하늘을 유심히 보라: 비행접시 연대기(워싱턴 DC: 스미소니언 출판부, 1994년, 73~90페이지)』 및 제이콥스, 『미국의 UFO 논란(33페이지)』을 참조하라.

(31) 프레드 C. 듀란트 3세Fred C. Durant III, 1953년 1월 로버트슨 패널 회의에 관한 보고서를 참조하라. 과학정보국과 미국로켓학회the American Rocket Society 회장과의 회동 후 브리핑을 작성했다.

패널은 공습을 계획 중인 적군이라면 미국의 방어체제를 무력화시키는 데 UFO 신드롬을 악용할지도 모른다며 우려하기도 했다.[32]

그 같은 문제를 해결하기 위해 패널이 권장한 사항은 안전보장회의가 UFO의 정체를 폭로하고, 국민에게는 UFO를 입증할 증거가 희박하다는 점을 확인시킬 수 있는 공공교육 정책을 실시해야 한다는 것이었다. 그러려면 매스미디어와 홍보, 비즈니스 클럽, 학교뿐 아니라 심지어는 디즈니까지 이용해야 한다고 패널은 주장했다. 한편, 매카시즘(McCarthyism, 1950~1954년 미국을 휩쓴 반공산주의 ─ 옮긴이)이 절정에 이를 무렵에는 로스앤젤레스의 민간 비행접시연구단 the Civilian Flying Saucer Investigators과, 위스콘신에 본부를 둔 항공현상연구회(the Aerial Phenomena Research Organization; APRO) 등을 비롯한 민간 UFO 단체가 소동을 일으키고 있는지도 감시해야 한다고 강조했다.[33]

로버트슨 패널의 결론은 공군의 사인SIGN 및 그루지GRUDGE 보고서와, CIA 직속 과학정보국OSI 연구단의 소견과도 매우 흡사했다. 연구단은 예외 하나 없이, UFO로 안보가 흔들린다거나, 미확인 비행물체가 외계 생명체의 존재를 확증하는 증거는 아니라는 데 동감했다.

---

(32) 미확인 비행물체에 관한 과학패널 보고서(로버트슨 리포트, 1953년 1월 17일)와 패널 회의록을 요약한 듀란트 보고서를 참조하라.

(33) 로버트슨 보고서 및 듀란트 보고서를 참조하라. 굿, 『일급기밀을 넘어(337~338페이지)』와 제이콥스가 집필한 『미국의UFO 논란(95페이지)』 및 클라스의 『UFO: 대중의 눈을 속이다(28~29페이지)』를 참고하라.

로버트슨 패널의 보고를 들은 중앙정보국은 미확인 비행물체 연구에 관한 NSCID 초안 작성을 포기했다.[34] UFO 과학자문 패널(로버트슨 패널)은 IAC를 비롯하여, 국방부 장관과 연방민방위청 the Federal Civil Defense Administration 청장 및 국가안보 자원위원회the National Security Resources Board 위원장에게 이에 대한 보고서를 제출했다. 그러자 CIA 관리들은 국가안보차원에서 UFO를 계속 주시해야겠지만 UFO를 계속 조사해야 할 근거는 없다고 단정했다. 과학정보국OSI의 필립 스트롱Philip Strong과 프레드 듀란트Fred Durant도 국가정보평가국the office of National Estimates에 조사결과를 보고했다.[35] CIA 관리는 당국이 비행접시에 관심을 두고 있다는 정보가 누설되지 않기를 바랐다. 로버트슨 패널이 제출한 보고서가 기밀이기도 하고, 당국이 패널을 후원하고 있다는 사실도 외부에 알려져선 안 된다고 재차 강조했다. 이 같은 방침은 훗날 CIA의 신뢰도에 문제를 일으키는 원인이 되었다.[36]

1950년대, UFO가 심드렁해지다

로버트슨 패널의 조사결과 발표 후, 중앙정보국 관리는 UFO 연구를 부차적인 것으로 미루게 된다. 1953년 5월, 채드웰은 UFO

---

(34) 레버Reber의 정보자문위원회 비망록(1953년 2월 18일)을 참조하라.

(35) 채드웰, 부국장에게 보낸 비망록 '미확인 비행물체(1953년 2월 10일)' 및 1953년 1월 28일 로버트슨에게 띄운 서신을 참조하라. 레버, 정보자문위원회에 제출한 비망록 '미확인 비행물체(1953년 2월 18일).' 국가예측국 브리핑에 대해서는 듀란트가 작성한 비망록 '미확인 비행물체에 관한 국가예측국 위원회 브리핑Briefing of ONE Board on Unidentified Flying Objects(1953년 1월 30일)'과 CIA 요약본 '미확인 비행물체(1953년 2월 6일)'를 참조하라.

(36) 채드웰, 1953년 1월 27일 MIT 교무처장인 줄리어스 A. 스트래튼에게 보낸 서신.

이슈의 근황 추적 업무를 과학정보국OSI 물리전자부로 넘겼다. 물론 응용과학부the Applied Science Division는 지원을 계속 이어갔다.[37] 물리전자부의 토도스 M. 오다렌코Todos M. Odarenko 부장은 업무시간을 너무 많이 빼앗긴다는 이유로 UFO에 심기가 불편해졌다. 로버트슨 패널의 보고서를 감안해볼 때 UFO 프로젝트는 사실상 "정지되었다inactive"고 봄직하니 파트타임 분석가와 서류정리원을 각각 한 명씩 두어 공군과 여러 기관의 참고파일을 관리하는 편이 나을 거라고 그는 주장했다. 해군과 육군 모두 UFO에는 그다지 관심이 없다고 오다렌코는 덧붙였다.[38]

UFO의 존재를 믿지 못하던 오다렌코는 담당 부서가 UFO를 주시해야 하는 부담을 경감시키기 위해 안간힘을 썼다. 이를테면, 1955년에는 UFO에 대한 새로운 정보가 입수되지 않았다는 이유로 프로젝트를 전면 폐지해야 한다고 주장하는가 하면, 부서에 책정된 예산이 감축된 탓에 더는 재원을 낭비할 수 없다고 역설하기도 했다.[39] 반면 채드웰을 비롯한 CIA 관리들은 UFO 신드롬을 우려했다. 무엇보다도, 소련에 억류 중이던 독일 엔지니어가 미래의 전투병기로 '비행접시'를 개발하고 있다는 증언에 당국은 바

---

(37) 채드웰, 물리전자부/과학정보국(토도스 M. 오다렌코)에 제출한 비망록 '미확인 비행물체(1953년 5월 27일)을 참조하라.

(38) 오다렌코가 채드웰에게 보낸 비망록 '미확인 비행물체(1953년 7월 3일)'과, '미확인 비행물체 프로젝트 현황Current Status of Unidentified Flying Objects (UFOB) Project(1953년 12월 17일)'을 참고하라.

(39) 오다렌코의 비망록 '미확인 비행물체(1955년 8월 8일)'을 참조하라.

짝 긴장하고 있었다.[40]

1950년대 중엽, 미국 고위 정치인과 군수뇌부에 가장 위험한 적국은 다름아닌 소련이었다. 소비에트 연방의 핵무기 및 유도미사일 개발 수준이 실로 높았기 때문이다. 소련은 1949년 여름 원자폭탄을 한 차례 터뜨린 이력이 있다. 1953년 8월에는 미국이 수소폭탄을 시험한 지 9개월이 지나자 소련도 수소폭탄을 터뜨렸다. 랜드연구소(RAND Corporation, 미국의 대표적인 싱크탱크 중의 하나로, 방산재벌 맥도넬 더글러스의 전신인 더글러스 항공이 1948년에 설립했다. 군사문제 연구에 대해 세계적으로 권위를 인정받고 있다-옮긴이)의 극비 연구문헌(1953년 봄) 역시 전략공군사령부SAC 기지는 장거리 폭격기의 기습공격에 취약하다는 점을 지적하기도 했다. 소련의 공습에 대한 우려가 날로 커지는 가운데, 속출하는 UFO 목격담은 미국 정치인의 불안감을 더욱 가중시켰다.

동유럽과 아프가니스탄 상공에서 미확인 비행물체를 목격했다는 신고가 급증한 것도 소련의 병기개발이 급물살을 타고 있는 것이 아닌가 하는 우려를 증폭시켰다. CIA 관리들은 영국과 캐나다가 이미 '접시형 비행물체'를 시험하고 있다는 정보를 입수했다. '프로젝트 Y'는 캐나다와 영국 및 미국이 가담하여 비재래식 접시형 전투기를 양산해내자는 작전이었는데, CIA 관리는 소련도 이와

(40) 외국방송 청취기관(FBIS) 보고서 '신식 전투기Military Unconventional Aircraft(1953년 8월 18일)'을 비롯한 여러 보고서 '공군의 신식 전투기(1953, 1954, 1955년)'을 참조하라.

유사한 병기를 시험하고 있는 것은 아닐까하며 우려했다.[41]

1955년 10월, 소비에트 연방에서 열차로 이동하던 리처드 러셀Richard Russell 미 상원의원과 당원이 접시형 비행물체를 목격했다는 증언도 우려를 증폭시키는 원인이 되었다. 그러나 러셀 일행을 상대로 심층 인터뷰를 진행한 CIA 관리에 따르면, 그들의 증언은 소련이 접시형 병기나 비재래식 전투기를 개발했다는 가설을 뒷받침하진 않는다고 한다. 이와 아울러, 과학정보국의 허버트 스코빌 2세Herbert Scoville, Jr. 차장은 기수를 높이든 제트항공기를 잘못 봤을 가능성도 있다고 기술했다.[42]

CIA 응용과학부의 월튼 E. 렉소Wilton E. Lexow 부장도 회의적인 반응이었다. 소련이 '접시형 병기'를 확보했다면 군이 재래식 전투

---

(41) 영국에 본사를 둔 A. V. 로A. V. Roe, Ltd의 캐나다 계열사가 개발한 프로젝트 Y는 몇 미터 상공을 맴도는 소규모 모델을 제작했다. 오다렌코가 채드웰에 보낸 비망록 '비행접시형 항공기(1954년 5월 25일),' 프레데릭 C. E. 오더Frederic C. E. Oder가 오다렌코에게 제출한 비망록 '공군 프로젝트 Y(1954년 5월 21일),' 오다렌코, T. M. 노드벡T. M. Nordbeck, Ops/SI, 시드니 그레이빌, ASD/SI 비망록 '신형 항공기에 대한 첩보상의 책임Intelligence Responsibilities for Non-Conventional Types of Air Vehicles(1954년 6월 14일)'을 참조하라.

(42) 르우벤 에프론Reuben Efron의 비망록 '바쿠 근방에서 목격한 비행물체Observation of Flying Object Near Baku(1955년 10월 13일),' 스코빌 비망록 '리처드 B. 러셀 상원의원과의 인터뷰Interview with Senator Richard B. Russell(1955년 10월 27일)' 및 월튼 E. 렉소Wilton E. Lexow의 정보비망록 '신형 전투기 목격사례(1955년 10월 19일)'를 참조하라.

기를 개발할 이유가 있겠느냐는 것이었다.[43] 스코빌은 렉소에게 비재래식 전투기의 전력과 한계를 조사하고, 과학정보국이 보유한 UFO 파일을 관리할 것을 당부했다.

시놉시스

이제부터는 U-2 프로그램을 둘러싼 비하인드 스토리 중 최근 기밀사항에서 제외된 뉴스를 국민과 학자에게 공개할까 한다. 1980년대 CIA 역사공보담당관을 위해 그레고리 W. 페들로Gregory W. Pedlow와 도널드 E. 웰젠바흐Donald E. Welzenbach가 쓴 원작은 1992년 『1954-1974년, 중앙정보국과 공중정찰기: U-2 및 옥스카트 프로그램The Central Intelligence Agency and Overhead Reconnaissance: The U-2 and OXCART Programs, 1954-1974』이란 제목으로 출간된 바 있다. U-2 프로그램 연구를 다룬 몇몇 섹션이 여기에 포함된 이유는 1998년에 개최된 '첩보작전의 혁명 U-2The U-2: A Revolution in Intelligence' 컨퍼런스를 기념하기 위해서다. 필자는 앞으로 정보자유법the Freedom of Information Act에 의거하여 전문을 살펴볼 것이다.

---

(43) 렉소의 정보비망록 '신형 전투기 목격사례(1955년 10월 19일)'를 참조하라. 아울러 프랭크 C. 볼서Frank C. Bolser가 SAD/SI 부국장인 조지 C. 밀러에게 보낸 비망록 '소련이 제작한 비행접시인지 모르니 확인 요망Possible Soviet Flying Saucers, Check On'과, 렉소 비망록 '소련이 제작한 비행접시인지 모르니 동태 감시 요망Possible Soviet Flying Saucers, Follow Up On(1954년 12월 17일)'과 렉소 비망록 '소련제 비행접시일 개연성Possible Soviet Flying Saucers(1954년 12월 1일)' 및 A. H. 설리번 2세A. H. Sullivan, Jr.의 비망록 '소련제 비행접시일 개연성(1954년 11월 24일)'을 참조하라.

중앙정보국과 공군 및 록히드 코퍼레이션 등, 여러 업체가 협력하여 제작한 U-2는 정보 분석의 신기원을 이뤄냈다는 평가를 받을 정도로 소련의 도발을 정밀하게 분석했다. U-2는 정보계의 이례적인 성과였음에도 이를 둘러싼 주요 사례가 정부 밖으로 새어나간 적은 없었다. 필자는 융통성을 발휘하여 분명히 이해할 수 있는 비하인드 스토리를 적잖이 들려주고, 냉전이 주는 위기상황을 이해할 수 있도록 전반적인 배경도 아울러 짚어줄 것이다. U-2는 첩보활동이 국가안보를 지탱하고 세계평화를 앞당기는 데 여러모로 기여한 바가 크다는 점을 입증해왔다.

UFO로 오인한 U-2와 옥스카트 프로젝트

1954년 11월, CIA는 이미 U-2 고공정찰 프로젝트로 첨단기술세계에 발을 내디뎠다. 당국은 캘리포니아 버뱅크에 자리 잡은 록히드 첨단개발시설 및 저명한 항공우주공학자인 켈리 존슨Kelly Johnson과 함께 합작 프로젝트(스컹크 웍스the Skunk Works)를 실시해왔고, 1955년 8월에는 고공정찰기 U-2를 시험하고 있었다. U-2는 18.3킬로미터에서도 비행이 가능했는데, 1950년대 중반까지만 해도 정기항공기는 대부분 3~6킬로미터 상공에서 취항했다. 때문에 U-2가 시험비행을 하는 날이면 민항기 조종사와 항공교통관제소 직원이 접수한 UFO를 목격 건수가 크게 늘었다고 한다.[44]

---

(44) 그레고리 W. 페들로Gregory W. Pedlow와 도널드 E. 웰젠바흐Donald E. Welzen-bach, 『중앙정보국과 정찰기: U-2와 옥스카트 프로그램, 1954~1974(워싱턴 DC: 중앙정보국 역사공보관 1992)(72~73페이지)』를 참조하라.

U-2 정찰기는 은색 도료를 칠한 탓에(나중에는 검은색으로 바꾸었다) 일출이나 일몰에 빛이 반사되기 일쑤였다. 그래서 불이 이글거리는 물체로 보일 때도 종종 있었다. 일찌감치 U-2 정찰기를 알고 있던 공군 소속 블루북 조사팀은 UFO를 빙정이나 기온의 역전 등의, 자연현상을 들먹이며 이를 얼버무리기 위해 안간힘을 썼다. 워싱턴에서 중앙정보국의 U-2 프로젝트 스태프와 UFO 목격사례를 검토하던 블루북 조사팀은 U-2를 미확인 비행물체(UFO)로 오인한 경우가 적지 않다는 사실을 확인할 수 있었다. 그러나 이 같은 원인을 일반에 공개하지 않도록 각별히 조심했다.

훗날, U-2 및 옥스카트OXCART(SR-71 혹은 블랙버드) 프로젝트에 참여한 CIA 관리의 추정에 따르면, 1950년대와 60년대 사이에는 미국의 창공을 유유히 떠다니는 유인정찰기(이를테면, U-2)를 UFO로 오인한 사례가 절반은 족히 넘는다고 한다.[45] 이때 공군은 국민의 우려를 잠재우고, 민감한 안보 프로젝트의 기밀을 유지하기 위해 진실을 왜곡하고 은폐할 수밖에 없었다. 진실을 숨긴 처사는 정당했을지는 몰라도 1970년대 당시 은폐 논란과 음모론이 불거지는 계기가 되었다. 공군이 해명할 수 없다고 판단한 UFO는 1955년에는 5.9퍼센트였으나 그 이듬해에는 4퍼센트로 감소했다.[46]

마침 로버트슨 패널의 UFO 보고서 공개를 두고 압력이 거세

---

(45) 그레고리 W. 페들로와 도널드 E. 웰젠바흐, 『중앙정보국과 정찰기: U-2와 옥스카트 프로그램(72~73페이지)』를 참조하라. 이는 1994년 7월 26일, 저자와 존 파롱고스키의 전화 인터뷰에서도 확인되었다. 파롱고스키는 옥스카트 프로그램의 일일업무를 감독했다.

(46) 제이콥스, 『미국의UFO 논란(135페이지)』을 참조하라.

졌다. 1956년, 공군 블루북 프로젝트를 지휘하던 에드워드 러펠트Edward Ruppelt가 패널의 존재를 세상에 공개한 것이다. 또한 UFO론으로 베스트셀러 작가의 반열에 오른 퇴역장교 도널드 키호Donald Keyhoe(해병대 소령 전역) 역시 정부가 입수한 UFO 정보를 공개해야 한다는 데 뜻을 같이했다. 항공우주현상에 관한 전미조사위원회the National Investigations Committee on Aerial Phenomena(NICAP)와 항공우주현상연구회the Aerial Phenomena Research Organization(APRO) 등, 민간 UFO 단체는 즉각 로버트슨 패널 보고서를 속히 공개하라고 촉구했다.[47] 공군은 이 같은 압박으로 CIA 관계자와 회동, 보고서의 기밀해제에 대해 당국의 승인을 구했다. 하지만 과학정보국의 필립 스트롱 부국장보는 기밀해제를 적극 반대하며, CIA가 패널을 지원했다는 사실을 공개해선 안 된다는 입장을 고집했다. 대신 중앙정보국은 당국을 언급하거나, UFO 논란에 심리전이 개입될 가능성을 시사한 대목을 전부 삭제하기로 했다.[48]

하지만 정부가 수집한 UFO 정보를 공개하라는 요구는 가라 앉지 않았다. 1958년 3월 8일, 키호는 CBS 방송에 출연, 마이크

---

(47) 피블스, 『하늘을 유심히 보라: 비행접시 연대기(128~146페이지)』, 러펠트Ruppelt, 『미확인 비행물체 보고서The Report on Unidentified Flying Objects(뉴욕: 더블데이, 1956)』, 키호의 『비행접시 음모The Flying Saucer Conspiracy(뉴욕: 홀트, 1955)』 및 제이콥스, 『미국의UFO 논란(347~349페이지)』을 참조하라.

(48) 스트롱이 로이드 W. 버크너와 손튼 페이지에게 보낸 서신을 비롯하여, 그가 로버트슨과 새뮤얼 굿스미트, 루이스 알바레즈(1957년 12월 20일)에게 띄운 편지를 참조하라. 스트롱이 공군정보부 정보참모인 제임스 F. 번James F. Byrne 소령에게 보낸 비망록 '미확인 비행물체에 관한 과학패널 보고서, 기밀해제Declassification of the 'Report of the Scientific Panel on Unidentified Flying Objects(1957년 12월 20일)''를 참고하라. 1957년 11월 20일, 버크너가 페이지에게 보낸 서신과 같은 해 12월 4일 스트롱에게 보낸 서신도 보라. 패널도 당국과 손을 잡았다는 사실이 공개되는 것을 꺼려했다.

월레스Mike Wallace와의 인터뷰에서 CIA가 UFO에 깊이 관여하고 있으며 로버트슨 패널을 후원해왔다고 주장했다. 화학공학자이자 UFO론자였던 리온 데이비슨Leon Davidson 박사와 키호는 이를 기화로 중앙정보국에 여러 차례 서신을 띄웠다. 로버트슨 패널 보고서를 공개하고 당국이 UFO 문제에 개입해왔다는 사실을 밝히라는 것이 골자였다. 데이비슨은 UFO를 분석해야 할 책임이 공군이 아닌 중앙정보국에 있으리라는 생각에 "지난 10년간 비행접시가 출몰한 사실은 당국의 활동과 무관하지 않다"고 확신했다. 사실, U-2와 옥스카트 정찰기를 공개하지 않은 탓이 컸기 때문에 데이비슨 자신이 의외로 진실에 더 가까웠던 것이다. 그럼에도 중앙정보국은 UFO 연구에 대한 역할을 공개하지 않았고, 로버트슨 패널 보고서의 기밀해제를 거부했다.[49]

중앙정보국은 키호와 데이비슨 등의 독촉에 대응할 방법을 모색하기 위해 공군과 회담을 가졌다. 당국 관리는 보고서의 기밀해제를 적극 반대하는 한편, 키호가 해군중장 출신 로스코 힐렌쾨터Roscoe Hillenkoetter 전 국장(NICAP의 기관장 이사회 회원)의 신임을 받았다는 점을 우려하기도 했다. 그들은 CIA 자문위원인 로렌스 R.

(49) 윌튼 E. 렉소의 비망록 '미확인 비행물체를 다룬 서신에 대한 평론Comments on Letters Dealing with Unidentified Flying Objects(1958년 4월 4일),' J. S. 어먼J. S. Earman이 공군성 장관국 소속인 로렌스 J 태커Lawrence J. Tacker 소령에게 보낸 서신(1958년 4월 4일), 데이비슨이 버크너에게(1958년 4월 8일), 버크너가 데이비슨에게 발송한 서한(1958년 4월 18일), 버크너가 스트롱에게 보낸 서신(1958년 4월 21일), 데이비슨이 태커에게 보낸 서신(1958년 4월 27일), 데이비슨이 앨런 덜레스에게(1958년 4월 27일), 러펠트가 데이비슨에게(1958년 5월 7일), 스트롱이 버크너에게(1958년 5월 8일), 데이비슨이 버크너에게(1958년 5월 8일), 데이비슨이 어먼에게(1958년 5월 16일), 데이비슨이 굿스미트에게(1958년 5월 18일), 데이비슨이 페이지에게(1958년 5월 18일), 태커가 데이비슨에게 보낸 서신(1958년 5월 20일)을 참조하라.

휴스턴Lawrence R. Houston이 보고서를 공개해야 갈등이 해소된다는 점을 힐렌쾨터에게 밝혀두어야 할지를 두고 논쟁을 벌였다. 이때 CIA 관리인 프랭크 채핀Frank Chapin은 데이비슨에게 숨은 동기가 있을지 모르는데, 아마 "국익이 최우선은 아닐 수도 있다"며 수사를 위해 FBI를 영입해야 한다고 주장했다.[50] FBI가 데이비슨이나 키호를 수사했는지, 휴스턴이 로버트슨 보고서를 논의하기 위해 힐렌쾨터를 만났는지는 밝혀지지 않았지만 어쨌든 힐렌쾨터는 1962년 NICAP에서 사임했다.[51]

중앙정보국은 1950년대 벌어진 유명한 UFO 사건 당시 데이비슨뿐 아니라 키호와도 인연이 있었다. 이 또한 UFO와 관련하여 당국에 대한 국민적 불신이 점차 증폭된 사건이었다. 첫째는 비행접시로부터 수신되었다는 전파신호가 녹음된 테이프였고, 둘째는 비행접시를 찍은 보도사진이었다. 물론 1955년에 벌어진 '전파신호' 사건에서 악의는 없었다. 시카고에 사는 두 노파(마일드레드Mildred·메리 마이어Marie Maier 자매)가 UFO와 관련하여 『우주항공저널the Journal of Space Flight』에 체험담을 기고한 것이다. 당시 둘은 알 수 없는 신호가 들리는 라디오 프로그램을 녹음해 두었고, 아마

---

(50) 렉소, 채핀에게 제출한 비망록(1958년 7월 28일).

(51) 굿, 『일급기밀을 넘어(346~347페이지)』, 1958년 5월 16일에 작성된 렉소의 비망록 '미확인 비행물체에 관한 과학자문패널 담당 공군인사와의 회동Meeting with the Air Force Personnel Concerning Scientific Advisory Panel Report on Unidentified Flying Objects(1953년 1월 17일)'와 아울러, ASD 소속 라 래 L. 틸La Rae L. Teel 차장이 쓴 '리온 데이비슨의 UFO 관련 서신에 대한 채핀의 답장 및 태커 소령과의 전화인터뷰Meeting with Mr. Chapin on Replying to Leon Davidson's UFO Letter and Subsequent Telephone Conversation with Major Thacker(1958년 5월 22일)'를 참조하라.

추어 오퍼레이터도 "우주메시지"를 들었다고 주장했다. 과학정보국도 뭔가 싶어 과학연락과the Scientific Contact Branch에 녹음 테이프를 입수해달라고 요청했다.[52]

　　연락부(CD) 파견관리들은(드웰트 워커Dewelt Walker도 현장에 있었다) 마이어 자매에게 연락하여 약속 날짜를 잡았다. 둘은 "정부도 솔깃해하니 몸 둘 바를 모르겠다"며 너스레를 떨었다.[53] 워커를 비롯한 관리들은 물증을 확보할 당시, 「아세닉 앤 올드 레이스Arsenic and Old Lace」의 한 장면을 보는 것 같다면서 "엘더베리와인the elderberry wine만 있었다면 싱크율이 100퍼센트였을 것(주인공이 신혼여행을 떠나기 전, 어릴 때 잠시 살던 집에 들러 고모들에게 인사하는 장면을 두고 한 말이다-옮긴이)"이라고 본부에 타전했다. 그들은 두 노파가 배우 시절에 스크랩해둔 기사를 훑어본 후 녹음 테이프의 사본을 입수했다.[54] 테이프를 받아 분석한 과학정보국은 "우주의 메시지"가 다름 아닌 라디오 방송국에서 흘러나오는 모스부호라는 사실을 깨달았다.

　　그러나 1957년 UFO론자인 리온 데이비슨이 마이어 자매를 만나고 난 후로 사건은 다시 도마 위에 올랐다. 두 자매는 공군에

---

(52) 연락부 소속 에드윈 M. 애시크로프트Edwin M. Ashcraft 부장이 1955년 3월 4일, 시카고 지국장에게 보낸 비망록 '라디오 코드 기록Radio Code Recording'과 애시크로프트가 과학정보국 지원국장에 보낸 비망록을 참조하라(1955년 3월 17일).

(53) 연락부는 국내 통신원으로부터 해외정보를 수집하기 위해 창설되었다. 정보본부의 역사를 다룬 『연락부의 기원과 발전The Origin and Development of Contact Division(워싱턴 DC, CIA 역사공보관, 1969년 6월)(1946년 월 11일/1965년 7월 1일)』을 참조하라.

(54) 조지 O. 포레스트George O. Forest, 시카고 지국장이 연락부장에게 보낸 비망록(1955년 3월 11일)을 참조하라.

서 나왔다고 한 '워커'라는 사람과 이야기를 나누었다고 털어놓았다. 데이비슨은 워커에게 편지를 보냈다. 라이트패터슨 공군기지에서 나온 정보장교인줄 알고 ATIC가 테이프를 분석했는지 묻기 위함이었다. 테이프는 분석담당관에 넘겼지만 결과는 일러줄 수 없다고 드웰트 워커는 답했다. 데이비슨은 석연치가 않았다. 혹시 워커가 CIA 요원은 아닐까 의심하던 그는 앨런 덜레스Allen Dulles 국장에게 "암호에 담긴 메시지는 무엇이며, 워커는 누구인지" 서신을 통해 물었다.[55] 중앙정보국은 CIA 비밀요원인 워커의 신분을 드러내지 않으려 했기 때문에 해당 테이프는 다른 정부기관이 분석을 마쳤고, 공군에서 곧 소식을 들려줄 거라고 대꾸했다.[56] 8월 5일, 공군이 데이비슨에게 통보한 바에 따르면, 워커는 "지금까지 줄곧 공군에 소속되어 있었고 테이프는 다른 정부기관에서 분석했다"고 한다. 아울러 서신을 통해 녹음된 메시지는 국내 라디오 방송국에서 흘러나온 모스부호이며 식별이 가능했다는 점도 확증했다.[57]

데이비슨은 덜레스 국장에게 다시 편지를 띄웠다. 이번에는 모스부호를 해독한 담당자의 신분과 분석을 완료한 기관이 어딘지 알고 싶어진 것이다. 때문에 중앙정보국과 공군은 입장이 난처해졌다. 애당초 CIA는 테이프를 분석하지 않았다며 시치미를 뗐

---

(55) 지원부(코넬), 드웰트 E. 워커에게 보낸 비망록(1957년 4월 25일)을 참조하라.

(56) 국장 보좌관인 J. 아놀드 쇼J. Arnold Shaw가 데이비슨에게 보낸 서신(1957년 5월 10일)을 참조하라.

(57) 지원부(코넬)가 V. 스카키치V. Skakich 중령에게 보낸 비망록(1957년 8월 27일)과 라마운틴이 지원부(코넬)에 보낸 비망록(1957년 12월 20일)을 참조하라.

고, 공군 또한 테이프 분석을 부인한 데다 워커를 공군 관계자라고 속였으니까. CIA 관계자들은 시카고에 있는 데이비슨과 은밀히 접촉하여 해독한 암호와 담당자의 신분을 가급적이면 밝히겠다고 약속했다.[58]

데이비슨의 심기를 누그러뜨리기 위해 어느 CIA 관리는 공군 복장을 하고는, 뉴욕에 있는 데이비슨에게 은밀히 연락했다. 그는 UFO와 연루된 중앙정보기관은 없으며, 누가 어떤 작전을 실시하는지는 공군 방침상 기밀이라고 해명했다. 데이비슨은 그에 수긍하는 척하면서도 기록한 메시지와 출처를 공개하라고 촉구했다. 그러자 관리는 재량의 범위를 확인해보겠다고 대꾸했다.[59] 본부와 통화한 그는 데이비슨에게 전화를 걸어 철저히 확인해 보니 신호는 국내에서 송출된 것이고, 당시 작성했던 기록과 테이프는 파일 공간을 확보하기 위해 폐기했다고 밝혔다.[60]

데이비슨은 당국이 문제를 대충 얼버무리고 있는 것 같아 화를 내며 해당 관리에게 경고했다. "당신과 소속기관이 뭔지는 모르겠지만 지미 호파Jimmy Hoffa와 팀스터 유니언the Teamster Unioncjfja 못지 않게 기록을 폐기해버리는데, 그러다간 큰코다칠지도 모른다."라

---

(58) 라마운틴이 지원부(코넬)에 송신(1958년 7월 31일).

(59) 지원부(코넬)가 스카키치 중령에게 송신(1957년 10월 3일)하고 스카키치가 코넬에게 답신했다(1957년 10월 9일).

(60) 스카키치가 코넬에게 답신한 내용을 참조하라(1957년 10월 9일).

고 말이다.[61] 연락부는 데이비슨과 접촉하면 의혹만 더 커질 거라고 판단하여, 앞으로 그와는 연락을 중단하겠다고 중앙정보국 국장과 ATIC에 보고했다. 연락부는 UFO 문제에서 손을 뗐다.[62] CIA와 공군은 대수롭진 않지만 좀 이례적인 사건의 매듭을 제대로 풀지 못한 것이 큰 화를 일으켰고, UFO를 둘러싼 미스터리와 이를 조사하던 CIA의 역할을 둘러싼 의혹은 점차 증폭되었다.

별일은 아니지만 중앙정보국의 개입 여부를 두고 의혹이 불거진 사건이 몇 달 후에도 벌어졌다. 이번 역시 기밀을 유지해야 한다는 당국의 방침이 문제를 더 키운 꼴이 되었다. 1958년, 키호 소령은 당국이 UFO 목격자에게 의도적으로 입단속을 시켰다고 주장했다.[63]

사건의 발단은 1957년 11월, KYW-TV(오하이오 클리블랜드) 소속 사진작가인 랄프 C. 메이어Ralph C. Mayher가 1952년에 촬영한 UFO 사진을 연락부(CD)가 입수해야 한다는 과학정보국의 주문에서 비롯된다. 당국 관리인 해리 리얼Harry Real은 사진을 분석해주겠다며 메이어에게서 사본을 건네받지만, 한 달 정도 지난 12월 12일에는 또 다른 CD 관리 존 헤이즌John Hazen이 나타나서는 이렇다 할 코

---

(61) R. P. B. 로먼R. P. B. Lohmann, 연락부장에게 보낸 비망록(1958년 1월 9일)을 참조하라.

(62) 지원부가 스카키치에게 송신한 내용(1958년 2월 20일)과 코빌(지원부)이 라마운틴에게 송신한 바(1957년 12월 19일)를 참조하라.

(63) 에드윈 M. 애시크로프트, 작전국 연락부장이 국장 자문위원인 오스틴 브리커 2세Austin Bricker, Jr.에게 보낸 비망록 '도널드 키호 소령이 제기한 의혹: 존 헤이즌과 중앙정보국의 관계(1959년 1월 22일)'를 참조하라.

멘트도 없이 UFO 사진 다섯 장을 메이어에게 돌려주었다. 메이어는 짤막하게나마 UFO 관련 프로그램을 구성하고 있다는 점을 털어놓으며 CIA의 사진 분석 결과를 물었다. 미국 정보기구도 사진을 검토할 정도로 그에 관심을 두고 있다는 점을 방송에서 이야기할 참이었다. 관리는 그러지 않는 편이 낫다고 하면서도 미국 시민이라면 자신의 권리는 스스로 결정해야 한다고 귀띔했다.[64]

얼마 후 키호가 메이어에게 연락했다. 이때 메이어는 CIA와 사진에 얽힌 에피소드를 들려주었다. 키호는 CIA가 UFO 연구에 가담해왔다는 사실을 들춰낼 요량으로 헤이즌의 소속을 서면으로 확인해 보았다. 대개 연락부 현장대리인은 소속을 밝히는 신분증을 휴대하며 공개적으로 활동하는데도 당국은 신원 확인을 거절했다. 덜레스 국장의 보좌관인 존 S. 어먼John S. Earman은 키호에게 어영부영 서신을 보냈다. UFO는 공군 소관이니 서신을 그리로 넘겼다고 말이다. CIA는 데이비슨의 경우와 마찬가지로, 키호에게도 어물쩍 넘어가려다가 오히려 의혹만 부추긴 꼴이 되었다. UFO 관련 정보를 공개하라는 압박은 계속 거세졌다.[65]

CIA는 UFO에 대한 흥미가 점점 사그라지긴 했지만 감시를 중단하진 않았다. CIA 관리들이 UFO관련 정보를 계속 입수해야 한

---

(64) 존 T. 헤이즌John T. Hazen, 연락부장에게 보낸 비망록(1957년 12월 12일). 애시크로프트가 클리블랜드 특수요원 '랄프 E. 메이어Ralph E. Mayher'에게 보낸 비망록(1957년 12월 20일) 을 참조하라. 이 비망록에 따르면, 사진은 "높은 고도에서 촬영되었고, 아무런 코멘트 없이 반송되었다'고 한다. 사진 원판은 공군이 보유하고 있으나, 중앙정보국 기록은 삭제되었을 것이다.

(65) 이 문제는 170년대 GSW가 제기한 정보자유법 소송에서 다시 불거졌다.

다는 데 동감했기 때문이다. 센세이션을 불러일으킬 UFO 목격담과 소동에 정보국 국장이 경각심을 갖게 되더라도 말이다.[66]

1960년대, CIA와 UFO논란, 끊임없는 엇박자

1960년대 초, 키호와 데이비슨을 비롯한 몇몇 UFO론자는 미확인 비행물체에 대한 정보를 공개하라며 CIA를 타박했다. 당시 데이비슨은 CIA가 "1951년 이후, 심리전의 일환으로 비행접시 열풍을 일으킨 책임이 있다"고 주장했다. 의회에서 청문회를 개최하고, UFO 관련 자료를 모두 공개하라는 요구에도 달라진 것은 거의 없었다.[67]

그러나 1964년 당시, 우주에서 외계인의 정보활동이 포착되고, UFO 목격담이 속출한다는 가정 하에 대응방안을 논한 고위각료 회의 이후, 존 맥콘John McCone 국장은 최근 수정된 UFO 분석결과를 주문했다. 이에 과학정보국은 '항공우주현상에 관한 전미조

---

(66) 로버트 애머리 2세 부국장이 과학정보국 차장에게 보낸 비망록 '비행접시(1956년 3월 26일)'를 참조하라. 본부국 소속 기획조정관 월레스 R. 램파이어Wallace R. Lamphire 가 리처드 M. 비셀 2세에게 보낸 비망록 '미확인 비행물체(UFO)(1957년 6월 11일)'도 참고하라. 필립 스트롱이 국립사진판독센터NPIC 대표에게 보낸 비망록 '보고된 미확인 비행물체 사진Reported Photography of Unidentified Flying Objects(1958년 10월 27일).' 스코빌이 법무관인 로렌스 휴스턴에게 보낸 비망록 '존경하는 조셉 E. 가스 Joseph E. Garth 귀하(1961년 7월 12일)'과 휴스턴이 가스에게 보낸 서신(1961년 7월 13일)을 참조하라.

(67) 예컨대, 데이비슨이 조셉 가스 의원에게 보낸 서한(1961년 6월 26일)과, 하원군사위원회의 칼 빈슨Carl Vinson 의장이 로버트 A. 에버레트Robert A. Everett 대표에게 보낸 서한(1964년 9월 2일)을 참조하라.

사위원회(NICAP)'가 최근 입수한 UFO 목격사례를 확보하라고 연락부에 요구했다. NICAP 설립자중 한명인 키호는 현역에서 물러난 까닭에 CIA 관리들은 위원장 대리인 리처드 H 홀Richard H. Hall과 회동했다. 리처드는 위원회가 확보한 최근 데이터베이스 견본을 관리들에게 넘겼다.[68]

과학정보국 관리가 이를 검토한 뒤, 당국 소속인 도널드 F. 챔벌린Donald F. Chamberlain 차장은 1950년대 초 이후로 달라진 것이 거의 없다는 점을 맥콘에게 강조했다. 즉, UFO가 미국 안보를 위협하거나 그것이 '외계에서 제작되었다'는 증거가 보고된 적은 없었다는 이야기다. 챔벌린에 따르면, 과학정보국은 그럼에도 공군이 공식적으로 연구한 프로젝트 블루북을 비롯하여 그 동안 UFO를 감시해왔다는 점을 덧붙였다고 한다.[69]

최근 CIA가 내부적으로 UFO를 조사하는 가운데 여론은 블루북 프로젝트를 검토할 특별위원회를 구성하라며 공군을 압박했다. 위원회는 공군과학자문위원인 브라이언 오브라이언Brian O'Brien 박사가 회장으로 추대되었고, 코넬 대학의 저명한 천문학자 칼 세이건Carl Sagan도 이에 합류했다. 물론 보고서에 특이한 내

(68) 국립항공우주위원회 소속된 미국 대통령실의 맥스웰 W. 헌터Maxwell W. Hunter가 국무부 국제과학교류국의 로버트 F. 파카드Robert F. Parkard에게 보낸 비망록 '외계종족에 대한 상고Thoughts on the Space Alien Race Question(1963년 7월 18일)'를 참조하라. 파일 SP 16, 국무부 기록, 기록그룹 59, 국가기록원. F. J. 셰리단F. J. Sheridan 워싱턴 지국장이 연락부장에게 제출한 비망록 '항공우주현상에 관한 전미조사위원회(NICAP)(1965년 1월 25일)'도 살펴보라.

(69) 챔벌린, 정보국 국장에게 제출한 비망록 'UFO 분석Evaluation of UFOs(1965년 1월 26일)'을 참조하라.

용은 없었다. 이를테면, UFO가 국가안보를 저해한다거나, "지구 바깥 어딘가에서도 기술이나 과학이 눈부시게 발전했다는 점을 대변하는 사건은 보고된 적이 없었다"는 이야기다. 위원회는 한 명문대에 프로젝트 조정자coordinator 자격을 부여하면서 심층적 연구를 통한 UFO 문제에 대한 결론 도출을 주문했다.[70]

1966년 하원 군사위원회the House Armed Services Committee도 UFO 관련 청문회를 잠시 열었지만 결과는 대동소이했다. 공군성 장관 해럴드 브라운Harold Brown은 위원회에 출두해 미확인 비행물체는 대체로 규명하기가 어렵지도 않으며, "외계에서 온 불청객"이 지구를 방문한 증거일 리도 없다고 주장했다. 하지만 공군이 열린 생각으로 UFO를 계속해서 주시해야 한다는 데는 이견이 없다고 그는 덧붙였다.[71]

오브라이언 위원회 보고서 제출, 하원 UFO 청문회 개최, 그리고 CIA가 UFO 연구에 가담했다는 사실을 폭로한 「CBS 리포트」에서의 로버트슨 발언 이후, 1966년 7월 공군은 1953년에 작성한 로버트슨 패널 리포트를 비롯하여, 패널의 결과를 분석한 듀란트 보고서를 모두 공개해야 할지 여부를 논의하기 위해 다시 중앙정보국과 회동했다. 이때도 중앙정보국은 입장을 조금도

---

(70) 제이콥스, 『미국의 UFO 논란(199페이지)』와, 블루북 프로젝트를 검토하기 위해 미공군 과학자문 임시위원회(오브라이언 위원회)가 작성한 『스페셜 리포트Special Report(워싱턴 DC: 1966년)』를 참조하라. 『뉴욕타임스(1966년 8월 14일자, 70페이지)』도 읽어보라.

(71) '외계인 방문에 대해 한시름 놓은 의회Congress Reassured on Space Visits,' 『뉴욕타임스(1973년 11월 29일자, 45페이지)』를 살펴보라.

바꾸지 않았다. 과학정보국의 칼 H. 웨버Karl H. Weber 부국장은 서신을 통해 "보고서를 공개해서 중앙정보국이 패널을 지원했다는 사실이 알려지기라도 하면 곤란하다"는 뜻을 공군에 밝혔다. '적당히 조작한 파일'이 이미 공개되어 있으니 그럴 필요는 없을 거라는 점도 일러두었다.[72] 나무는 보나 숲은 보지 못하는, 근시안적인 처사였다. 웨버의 이 같은 대응은 13년 전 작성된 로버트슨 패널 리포트와 UFO 조사에 있어서의 CIA 역할에 대한 국민의 관심이 되레 증폭되는 계기가 되었기 때문이다. 『새터데이 리뷰The Saturday Review』 과학부 편집자는 로버트슨 패널이 공개한 '조작파일'을 비난함으로써 CIA가 UFO 연구에 개입했다는 사실을 전국에 알리는가 하면 문서를 모두 공개할 것을 촉구하기도 했다.[73]

저명한 대기물리학자인 제임스 E. 맥도널드James E. McDonald(애리조나 대학)는 1966년 6월 6일, CIA 몰래 라이트패터슨 기지에서 로버트슨 패널 의사록에 기록된 듀란트 보고서를 확인할 수 있었다. 그러나 맥도널드가 6월 30일에 라이트패터슨 기지를 다시 찾았을 때는 공군의 거부로 보고서를 열람할 수 없었다. 중앙정보국의 기밀문서라는 이유에서였다. 마침내 그는 UFO 권위자로서 공군의

---

(72) 웨버가 미공군 정보국 공보부장인 제럴드 E. 조겐슨Gerald E. Jorgensen 대령에게 쓴 서신(1966년 8월 15일)을 참조하라. 듀란트 보고서는 로버트슨 패널 의사록을 자세히 요약했다.

(73) 『새터데이 리뷰』에 기고한 존 리어John Lear의 글 '중앙정보국의 UFO 문서 논란The Disputed CIA Document on UFOs(1966년 9월 3일, 45페이지)을 참조하라. 본문과는 달리, 리어의 글은 UFO 목격담을 비롯하여, 외계인이 개입했을 가능성에 대해 냉담한 반응을 보였다. 공군은 리어에게 리포트 전체를 공개하고자 했다. 월터 L. 맥키Walter L. Mackey 행정관이 중앙정보국 국장에게 보낸 비망록 '공군 CIA에 미확인 비행물체 관련 문서 공개를 요구Air Force Request to Declassify CIA Material on Unidentified Flying Objects (UFO)(1966년 9월 1일)'도 살펴보라.

기밀 및 은폐 방침 배후에 중앙정보국이 있다는 사실을 공개적으로 폭로하며, 로버트슨 패널 리포트와 듀란트 보고서를 전부 공개하라고 촉구했다.[74]

공군은 오브라이언 위원회의 권고와 여론의 압력에 뜻을 굽혀 1966년 8월, UFO 심층 연구 프로그램 착수를 위해 어느 명문대와의 계약 체결을 진행 중이라고 밝혔다. 프로그램은 미국 정부가 미확인 비행물체에 대한 사실을 감추고 있다는 의혹을 잠재우려는 데 목적이 있었다. 10월 7일, 콜로라도 대학은 18개월간 비행접시 연구를 위해 공군과의 32만 5천 달러 계약을 수락했다. 콜로라도 대학 물리학자로 국립표준국the National Bureau of Standards에서 국장을 역임한 에드워드 U. 콘돈Edward U. Condon 박사는 위원장 직책을 수락했다. 콘돈 박사는 미확인 비행물체에 대해서는 "문외한agnostic"이라고 공언했지만, UFO 문제를 두고는 열린 생각을 가지고 있으며 비행접시가 외계에 본거지를 두고 있다는 일설은 "확률은 낮지만 불가능한 일은 아니라는" 입장을 피력했다.[75] 아

---

(74) 클라스의 『UFO: 대중의 눈을 속이다(40페이지)』, 제이콥스가 쓴 『미국의 UFO 논란(214페이지)』 및 클라크의 '물리학자, '비행접시의 근황'을 기록하다'를 참조하라. 『뉴욕타임스(1966년 10월 21일자)』. 제임스 E. 맥도널드James E. McDonald가 하원 과학항공위원회에 제출한 '미확인 비행물체에 관한 성명(1968년 7월 29일)'도 아울러 보라.

(75) 콘돈의 발언은 월터 설리번이 『뉴욕타임스(1966년 10월 8일자)』에 기고한 '비행접시 연구에 선발된 세 자문위원3 Aides Selected in Saucer Inquiry'에 인용되었다. 『뉴욕타임스(1966년 10월 8일자)』에 게재된 '소신이 강한 과학자, 에드워드 콘돈An Outspoken Scientist, Edward Uhler Condon'도 참조하라. 외향적인 데다 목소리가 거친 그는 하원 반미활동위원회the House Unamerican Activities Committee와 논쟁을 벌인 적이 있다. 위원회는 그를 가리켜 "원자력 안보에 가장 도움이 되지 않는 사람 중 하나"라고 일축했다. 피블스의 『하늘을 유심히 보라: 비행접시 연대기(169~195페이지)』도 아울러 참조하라.

울러 에드워드 길러Edward Giller 준장과 공군, 그리고 공군 연구 개발국 소속 토머스 래치포드Thomas Ratchford 박사도 프로젝트에 합류했다.

1967년 2월, 길러는 중앙정보국 산하 국립사진판독센터(NPIC)의 아더 C. 룬달Arthur C. Lundahl 국장과 접촉하여, 콘돈 위원회가 UFO 사진을 검증할 수 있도록 기술자문과 서비스를 제공해 달라는 비공식 교섭을 센터에 제안했다. 정보국의 R. 잭 스미스R. Jack Smith 부국장과 룬달은 이를 흔쾌히 수락하면서 미확인 비행물체를 밝히는 데 필요한 "기회를 확보할 수 있게 되었다."고 밝혔다. 하지만 그들은 중앙정보국과 국립사진판독센터가 위원회의 추론에 개입해가며 '나대는' 것을 원치 않았다. 센터의 실무 중 공식적으로 인정된 것은 딱히 없었다.[76]

래치포드는 콘돈이 이끄는 위원회가 해당 문제의 기술적 측면을 논의하고, 사진 분석용 특수 장비를 확인할 수 있도록 센터 방문을 승인해야 한다고 요구했다. 그리하여 1967년 2월 20일, 콘돈을 비롯한 네 명의 위원이 센터를 찾았다. 당시 룬달은 센터가 위원회를 지원하기 위한 실무를 CIA 일로 간주해서는 안 된다고 강조하는가 하면, 센터가 수행하는 업무는 엄밀히 말해 기술적인 것이라는 점을 덧붙이기도 했다. 그리고 난 후, 위원회는 래치포드가 제공한 미확인 비행물체 사진을 분석하기 위해 CIA가 활용해온 장비와, 당국의 서비스에 대한 브리핑을 들었다. 콘돈과

---

(76) 룬달, 부국장에게 제출한 비망록(1967년 2월 7일)을 참조하라.

위원단은 센터의 현황에 놀라움을 금치 못했다.[77]

1967년 5월, 그들은 오하이오 제인즈빌에서 촬영된 미확인 비행물체에 대한 소견을 듣기 위해 국립사진판독센터를 다시 찾았다. 분석을 통해 UFO의 정체가 드러나자, 위원회는 센터의 기술력에 다시금 감탄했다. 이때 콘돈은 사상 최초로 미확인 비행물체를 조사하기에 적합한 과학적 분석이 이루어졌다고 평했다.[78] 위원단은 미국 시민에게 UFO 촬영을 장려하고, 연구해봄직한 UFO 사진을 확보할 수 있도록 가이드라인을 제공하기 위한 계획도 논의했다. 중앙정보국 관리는 콘돈 위원회가 '가위질을 자제한' 듀란트 보고서를 전격 공개하는 데 동의했다.

콘돈과 위원단은 1969년 4월에 UFO 보고서를 발표했다. 그 결론은 지난 21년간의 UFO 연구에서 얻은 것이 거의 없고, 향후 UFO를 더 심층적으로 연구할 이유도 없다는 것이었다. 아울러 보고서는 공군의 UFO 전담팀인 프로젝트 블루북 중단을 권고했다. 중앙정보국이 콘돈 위원회의 연구에 개입했다는 사실은 언급

---

(77) 기록용 비망록 '콘돈 박사, 1967년 2월 20일 NPIC 방문(1967년 2월 23일).' 룬달에게 보낸 비망록 'UFO 사진 분석(1967년 2월 17일)'에서 사진을 분석한 결과도 아울러 살펴보라.

(78) 기록용 비망록 '1967년 5월 5일, 에드워드 콘돈 박사의 UFO 브리핑UFO Briefing for Dr. Edward Condon(1967년 5월 8일)'과 첨부된 'UFO 사진 가이드라인 및 UFO 촬영 정보지Guidelines to UFO Photographers and UFO Photographic Information Sheet'도 참조하라. 1967년 5월 1일, 콘돈 위원회의 공식성명 발표와 클라스의 『UFO: 대중의 눈을 속이다(41페이지)』. 제인즈빌 사진은 조작된 것으로 드러났다.

되지 않았다.[79] 전미과학아카데미the National Academy of Sciences가 조직한 특별 패널은 콘돈 보고서를 검토한 후, "지난 20년간 수집한 자료를 감안해 볼 때, UFO를 우선해서 연구해야 할 당위성이 없다"는 주장에 동조하며, "지금까지 알려진 정보에 따르면, UFO를 가리켜 지적인 존재가 외계에서 지구를 찾아온 방증이라는 가설이 가장 신빙성이 낮은 것"이라고 선언함으로써 검토 소견을 마감했다. 마침내 공군성의 로버트 C. 시먼스 2세Robert C. Seamans, Jr. 장관은 콘돈 위원회 및 전미과학아카데미의 권고대로 1969년 12월 17일, 프로젝트 블루북의 종료를 선언했다.[80]

1970~80년대, UFO 논란은 여전

콘돈 보고서에 대해 다수의 UFO론자들이 시큰둥한 반응을 보였다. CIA의 은밀한 UFO 연구 활동을 위해 사실을 은폐하려는 수작으로 보았기 때문이다. 1970년대 초, UFO 목격담이 확산되자 CIA가 가공할 음모에 가담했으리라는 의혹이 증폭되었다. 1975년 6월 7일, 소규모 UFO 단체인 '그라운드 소서 워치(Ground Saucer

---

(79) 에드워드 U. 콘돈, 『미확인 비행물체를 과학적으로 연구하다Scientific Study of Un-identified Flying Objects (뉴욕: 반탐북스, 1969년)』 및 클라스의 『UFO: 대중의 눈을 속이다(41페이지)』를 참조하라. 보고서에는 가위질을 거의 하지 않은 듀란트 보고서가 담겨 있었다.

(80) 국방부 차관국의 공식성명 '공군, 프로젝트 블루북 종결 예정Air Force to Terminate Project BLUEBOOK(1967년 12월 17일).' 공군은 블루북 기록을 앨라배마 맥스웰 공군기지에 소재한 공군기록원에 이관했다. 1976년 공군은 블루북 파일을 국가기록원에 넘겼고, 당국은 큰 제한 없이 일반에 공개했다. 보류된 문서도 일부 있었다. 클라스 『UFO: 대중의 눈을 속이다(6페이지)』도 참조하라.

Watch; GSW)'를 이끌던 윌리엄 스폴딩William Spaulding은 중앙정보국에 로버트슨 패널 보고서를 비롯하여 미확인 비행물체에 관한 모든 기록의 사본을 요구했다.[81] 스폴딩은 CIA가 중요한 UFO 파일을 감추어 두었으리라 확신하고 있었다. CIA는 스폴딩 요청에 응해 로버트슨 패널과 듀란트 보고서 사본을 건네주었다.[82]

1975년 7월 14일, 스폴딩은 재차 서한을 띄웠다. 자신이 받은 보고서의 진위가 의심스럽다며 당국이 UFO 연구 결과를 은폐하고 있다는 의혹을 제기한 것이다. 이때 CIA 정보사생활보호조정관인 진 윌슨Gene Wilson은 스폴딩의 의심을 가라앉히기 위해 "로버트슨 패널이 출범하기 전이든 보고서가 공개된 후든, 중앙정보국이 UFO 현상을 연구한 적은 없다"고 답변했다. 윌슨에 따르면, 로버트슨 패널 보고서는 "중앙정보국이 UFO에 관심을 두고 연구에 개입했다는 점을 요약한 것"이나, 그 외의 문서는 UFO가 관계된 점이 없을 거라고 추정했다. 사실, 윌슨은 정보에 어두웠다.[83]

1977년 9월, 스폴딩과 GSW는 윌슨의 답변이 영 미덥지가 않은 까닭에 중앙정보국을 상대로 소송을 제기했다. 그들은 정보 공개특별법(Freedom of Information Act; FOIA)을 위반했다는 혐의를 근거로 당국이 보유하고 있는 UFO 문서를 모두 공개하라고 요구했

---

(81) 그라운드 소서 워치GSW는 애리조나 피닉스에 본부를 둔 UFO 추종 그룹으로 규모는 작았다. 대표는 윌리엄 H. 스폴딩이었다.

(82) 클라스의 『UFO: 대중의 눈을 속이다(8페이지)』를 참조하라.

(83) 윌슨이 스폴딩에게 보낸 서신(1976년 3월 26일)과, GSW 대 CIA 민사소송사건 78~859를 참조하라.

다. 다른 단체들로부터도 정보공개특별법에 의거한 비슷한 요구가 봇물 터지듯 쏟아지자, CIA 관리는 법적인 묘책을 강구해가며 UFO 자료를 "합리적으로 검색"하는 데 동의했다.[84] CIA 내부에서는 소송에 대해 시큰둥한 반응이었지만 법무자문위원국the Office of General Counsel의 로니 지벨Launie Ziebell 지휘를 받는 CIA 직원들이 UFO 관련 기록을 철저히 조사했다. 지벨을 비롯한 조사위원들은 때로는 협박을 해가면서 집요하고 철저하게 중앙정보국을 조사했다. 비서의 책상 아래 고이 모셔둔 옛 UFO 파일까지도 뒤적거릴 정도였다. 그리하여 위원단은 900페이지에 이르는 355가지 문서를 찾아냈다. 1978년 12월 14일, 중앙정보국은 100페이지 남짓 되는 57개 문서를 제외한 나머지 문서들을 GSW에 넘겨줬다. 그들이 57개 문서를 남겨 둔 것은 국가 안보의 차원에서 그리고 정보 제공자들과 추진 방법들을 비밀로 지키기 위해서였다.[85]

공개된 문서에서 미확인 비행물체에 대한 결정적인 증거가 드러나지 않았고, 1953년 로버트슨 패널 보고서가 나온 이후 CIA가 UFO에 별로 관심을 보이지 않았다는 점이 밝혀졌음에도, 언론은 공개 사실을 '센세이션'하게 보도했다. 예컨대, 『뉴욕타임스The New York Times』는 공개된 문서들이 정부의 미확인 비행물체에 대한

(84) GSW 대 CIA 민사소송사건 78~859, 2페이지.

(85) 1994년 6월 23일, 로니 자이벨과의 인터뷰와 1994년 7월 21일 과학정보국 분석가와의 인터뷰. 조지 오웬스George Owens의 진술서 'CIA 정보 및 사생활보호 특별법 조정관,' 과학정보국의 칼 H. 웨버, 보안국의 시드니 D. 스템브리지Sidney D. Stembridge, 루틀리지 P. 하자드Rutledge P. Hazzard, DS&T, GSW 대 CIA 민사소송사건 78~859 및 세이어 스티븐스Sayre Stevens 국가대외평가센터 부국장이 정보 검토위의 자문위원 토머스 H. 화이트에게 보낸 비망록 '정보공개특별법 소송, 그라운드 소서 워치FOIA Litigation Ground Saucer Watch(일자 미상)'를 참조하라.

각별한 관심과 중앙정보국의 비밀스러운 UFO 조사에 대한 증거들이라고 보도했다.[86] GSW는 핵심 정보를 여전히 CIA가 감추고 있다고 주장하며 공개 보류한 문서들도 마저 공개하라는 소송을 제기했다.[87] 이는 존 F. 케네디John F. Kennedy의 암살 사건과도 흡사했다. 이를테면, 중앙정보국이 아무리 많은 자료를 공개하고, 정보가 아무리 평범하고 대수롭지 않은 것이라도 여론은 당국이 뭔가를 은폐하고 있다는 음모론에 집착했다는 것이다.

『뉴욕타임스』 기사를 본 스탠스필드 터너Stansfield Turner 국장은 하도 어이가 없어 수석 관리에게 "우리가 UFO라도 타고 있다는 이야기인가?"라며 하소연하기도 했다. 이때 돈 워트맨Don Wortman 부국장은 "1950년대 이후로는 UFO 신드롬과 관련된 연구를 실시하고, 그에 대한 정보를 수집하는 데 이렇다 할 체계가 없었다"고 보고했다. 부국장에 따르면, 중앙정보국의 기록은 "UFO를 목격했다는 사례를 그때그때 모아둔 것"에 지나지 않았다고 한다. UFO에 대한 정보를 능동적으로 수집한 프로그램은 가동한 적이 없는 데다, GSW에 공개한 자료는 거의 손을 대

---

(86) 'CIA 문서, UFO 정찰 기록Papers Detail UFO Surveillance," 『뉴욕타임스(1979년 1월 13일자)』, 패트릭 위그Patrick Huyghe, 'UFO 파일: 미공개 스토리UFO Files: The Untold Story,' 『뉴욕타임스(1979년 10월 14일자, 106페이지)』, 제롬 클라크Jerome Clark 'UFO 업데이트,' 『UFO 리포트(1979년 8월)』을 참조하라.

(87) 제롬 클라크 '전 세계에서 밝힌 UFO 최신 뉴스 브리핑Latest UFO News Briefs From Around the World,' 『UFO 업데이트(1979년 8월)』및 GSW 대 CIA 민사소송사건 78~859 를 참조하라.

지 않았다는 것이다.[88] 이에 터너가 GSW의 소송에 대응할 요량으로 법무자문위원국에 약식재판을 주문하자, 1980년 5월 법원은 GSW가 제기한 소송을 기각했다. 중앙정보국이 자료를 철저하게 검색했다는 점이 입증되었기 때문이다.[89]

1970년대 말에서 1980년대에 이르기까지, 중앙정보국은 UFO와 그것의 목격사례에 소소한 관심만을 유지해왔다. 이제 과학자들 대부분이 UFO 목격담을 가리켜 1950년대와 60년대를 주름잡던 기이한 사례에 지나지 않는다고 이를 폄하했지만, 중앙정보국과 다른 정보 부처들은 UFO와 관련된 초심리학적, 초자연적인 연구로 그들의 관심을 돌렸다.

CIA 관리들은 한편으로 UFO목격이 로켓이나 미사일에 있어 소련의 발전에 대한 단서를 제공해주진 않을까 싶은 마음에 UFO 문제를 들여다보았고, 그것의 방첩적인 측면을 조사했다. CIA의 과학정보국OSI과 과학무기연구국OSWR 소속 생명과학 부문 분석가들은 짧은 시간이지만 공식적으로 UFO에 관련된 현안을 짚어 보기도 했다. 이를테면, 소련과 KGB의 미국 시민과 UFO 단체를 이용한 민감한 무기 개발 프로그램(이를테면, 스텔스 전투기) 정보 입수, UFO를 가장한 미사일 접근 시 대공방어 네트워크의 취약성, 그리고 소련이 UFO를 연상시키는 첨단기술을 확보했으리라는 증거와 같은 방첩적인 현안들이 이에 포함되었다.

---

(88) 워트맨, 터너 국장에게 제출한 비망록, "우리가 UFO에라도 타고 있다는 이야기인가?" 및 『뉴욕타임스(1979년 1월 일자)』기사를 참조하라.

(89) GSW 대 CIA 민사소송사건 78~859를 참조하라. 클라스의 『UFO: 대중의 눈을 속이다 (10~12페이지)』도 살펴볼 가치가 있다.

또한 초심리학과 초자연 현상 및 "천리안remote viewing" 실험
과 관련해 CIA는 다른 정보기관들과 협력해 이를 연구하는데 있
어 조정역할을 지속적으로 수행했다. 물론 중앙정보국은 대체로
이와 같은 비과학적인 이슈들을 보수적인 시각으로 바라보았다.
1980년대 당시 공식적으로 연구한 UFO 프로젝트가 전무했던 이
유가 바로 그 때문이었다. 혹시라도 공개되면 여론을 오도할 수
있어 당국은 기록을 남기지 않기 위해 UFO 파일을 최소한으로
남겨둔 것이다.[90]

1980년대에는 중앙정보국이 로스웰Roswell 사건(1947년)과 연관된
문서를 숨기고 있다는 논란이 재차 불거졌다. 비행접시가 뉴멕시
코에 추락했으리라 추정되는 로스웰 사건의 당시 기록문서를 공
개하면 1940년대 말과 50년대 초, UFO 연구개발 및 첩보활동에
대한 일급기밀이 존재했다는 사실이 밝혀진다는 것이다. UFO론
자들은 1947년 비행접시가 뉴멕시코에 추락한 이후, 정부가 UFO

---

(90) 존 브레넌이 리처드 J. 워쇼Richard J. Warshaw 수석보좌관에게 제출한 비망록 'UFO
정보 요청Requested Information on UFOs(1993년 9월 30일),' 1994년 6월 14일
과학무기연구국 분석가와의 저자 인터뷰 및 같은 해 7월 21일 과학정보국 분석가와의 인
터뷰도 아울러 참조하라. 저자는 1980년대 당시 CIA가 UFO 연구에 가담했다는 문서를
거의 발견하지 못했다.

DIA 초능력 센터DIA Psychic Center와 국가안보국the NSA은 투시와 초인지 및 텔레
파시 등의 초자연적인 현상을 다루는 심리학 분야인 '초심리학'을 연구했다. 보도에 따르
면, CIA도 혹시 몰라 UFO를 연구하는 사건대응팀의 일원이었다고는 하나, 팀이 공식적으
로 회의를 한 적은 없다고 한다. 1980년대에는 UFO 관련 활동에 대한 중앙정보국의 자료
가 희박한 탓에 UFO 이슈가 별로 주목을 받진 못했다.

UFO 관련 도서 중 상당수는 UFO에 접근했다거나 피랍되었다는 사람이 화두가 되고 있
다. 예컨대, 존 E. 맥John E. Mack의 『납치, 외계인과의 조우Abduction, Human En-
counters with Aliens(뉴욕: 찰스 스크라이브너스 선스, 1994년)』와 하워드 블룸, 『저
너머에: 정부의 외계인 탐색 작전(뉴욕: 사이먼 앤 슈스터, 1990년)』을 참조하라.

의 잔해와 외계인의 사체 네다섯 구를 수거했다고 주장해왔다. 그 후로 정부가 해당 프로젝트의 보안 강도를 높여 연구 결과와 내역을 공개하지 않았다고 주장하는 사람도 더러 있었다.[91] 1994년 9월, 공군은 로스웰 사건을 다시 거론하며 1947년 당시 현장에서 수거한 것은 '프로젝트 모굴Project MOGUL'이라는 일급기밀 기구氣球의 잔해였을 것이란 결론을 맺었다. '프로젝트 모굴'의 기구는 소련이 핵실험 증거를 포착하기 위해 띄운 감시용 장비였다.[92]

1984년 즈음, 1947년에 트루먼 대통령이 머제스틱12Majestic-12라는 위원단을 만들었다는 사실을 증명하는 것들이라고 일부 UFO론자들이 주장하는 일련의 문서들이 공개되었다. 이 문서들에 의하면 그해에 로스웰과 여러 다른 현장에 추락한 UFO 잔해를 회수하고, 확보한 외계인 사체를 조사하기 위해 이런 일급비밀 위원단이 구성되었다는 것이다. 이것들 전부는 아닐지 몰라도 대

(91) 찰스 벌리츠와 윌리엄 L. 무어 공저, 『로스웰 사건The Roswell Incident(뉴욕: 버클리북스, 1988년)』, 무어, 『로스웰 사건: 추락한 UFO에 대한 또 다른 증거The Roswell Incident: New Evidence in the Search for a Crashed UFO(캘리포니아 버뱅크: 페어위트니스 프로젝트, 1982년)』 및 클라스의 『UFO: 대중의 눈을 속이다(280~281페이지)』를 참조하라. 1994년 스티븐 H. 쉬프Steven H. Schiff 의원은 로스웰 사건을 공식적으로 연구하라고 주문했다. 미국 회계감사원GAO이 별도로 사건을 수사하고 있으나, CIA는 조사에 가담하지 않았다. 클라스의 『UFO: 대중의 눈을 속이다(279~281페이지)』, 정보 및 사생활보호 조정관 존 H. 라이트가 데렉 스크린에게 보낸 서신(1993년 9월 20일)과 과학무기연구국 분석가의 인터뷰를 참조하라. 텔레비전 방송용 영화 『로스웰Roswell』은 1994년 7월 31일 케이블 텔레비전에서 방영되었다. 피블스, 『하늘을 유심히 보라: 비행접시 연대기(245~251페이지)』.

(92) 존 다이아몬드John Diamond, '공군, 1947년 UFO 잔해 정밀조사(1994년 9월 9일),' AP 연합통신 보도, 윌리엄 J. 브로드, '비행선 잔해: 지구(와 미국)에서 제작Wreckage of a 'Spaceship': Of This Earth (and U.S.).'은 『뉴욕타임스(1994년 9월 18일자, 1페이지)』에 게재되었다. 공군 리처드 L. 위버 대령과 제임스 맥앤드류 중위, 『로즈웰 리포트, 뉴멕시코 사건의 허와 실The Roswell Report, Fact Versus Fiction in New Mexico Desert(워싱턴 DC: GPO, 1995년)』도 참조하라.

부분은 조작된 것으로 드러났다. 물론 논란은 사그라지지 않고 있다.[93]

JFK 암살 의혹과 마찬가지로, UFO 신드롬 또한 중앙정보국이 어떻게 대처하더라도 쉽사리 수그러들진 않을 듯싶다. 드넓은 우주에 우리만 존재하진 않을 거라는 믿음이 감성을 자극하고, 정부에 대한 불신이 만연한 탓에 UFO 이슈가 마치 합리적인 설명과 증거에 기반한 전통 과학 연구처럼 보이도록 하니까.

---

93) 굿, 『일급기밀을 넘어』, 무어와 S. T. 프리드먼, '필립 클라스와 MJ-12: 진실은 무엇인가 Philip Klass and MJ-12: What are the Facts(캘리포니아 버뱅크: 페어위트니스 프로젝트, 1988년).' 클라스, 'MJ-12 사기극을 둘러싼 새로운 증거,' 『스켑티컬 인콰이어 Skeptical Inquirer, 14호(1990년 겨울)』, 무어와 제임 H. 샨더라Jaime H. Shandera, 『MJ-12 문서: 분석 리포트The MJ-12 Documents: An Analytical Report(캘리포니아 버뱅크: 페어위트니스 프로젝트, 1990년)』, 월터 베델 스미스는 포레스털이 사망한 이후, 1950년 8월 1일에 그 대신 기용된 것으로 알려졌다. 1984년 MJ-12 '문서'가 공개되었을 때 단원은 이미 세상을 떠난 뒤였다. 피블스, 『하늘을 유심히 보라: 비행접시 연대기(258~268페이지)』.

래리 블랜드Larry Bland 박사는 『조지 C. 마셜 문서The George C. Marshall Papers』에서 이른바 'MJ-12'라 불리는 문서 중 하나는 조작이 확실하다고 밝혔다. 문서에는 1994년 마셜이 대통령 후보인 토머스 듀이에게 전한 "마법의 가로채기(Magic intercepts, 미국 정부의 문서 타이틀을 일컫는다-옮긴이)"와 유사한 문구가 담겨있었기 때문이다. 날짜와 이름을 바꾸고 'Magic'도 'Majic'으로 살짝 수정한 것이다. 또한 원본이 아니라 사본이었으니 MJ-12 원본은 아직 공개되지 않은 셈이다. 1994년 8월 29일 저자는 블랜드와 전화로 이야기를 주고받았다.

극비문서
원본 대역

2부

The X-Files
스컬리 파일

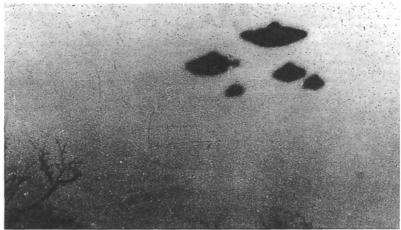

Sheffield, England, 4 March 1962

Minneapolis, Minnesota, 20 October 1960

STANDARD FORM NO. 64

Office Memorandum • UNITED STATES GOVERNMENT

TO   :   Dr. Machle, OSI   DATE: 15 March 1949

FROM :   Dr. Stone, OSI

SUBJECT: Flying Saucers

     1.   A rapid perusal of your documents leaves one confused and inclined to supineness.

     2.   The following considerations seem not to have been included in the survey:

         a.   No suggestion is noted that there is a possibility that many of the objects may be "free" meteorological sounding balloons.

         b.   If a true "flying saucer" is to be involved, it is extremely unlikely that they be found over the U. S. because:

            (1)   U.S. developments would be closely coordinated with USAF or commercial designers.

            (2)   Foreign aircraft development would hardly be tested at such a range from home areas, even if fuel could be supplied

            (3)   Guided aircraft at a range of several thousand miles are beyond any known capabilities, including ours.

         c.   What is the psychological probability that any object seen briefly against "zero" background will be circular, or oval, in appearance?

         d.   Has any one commented on the curious time distribution of the observations? Note chart below:

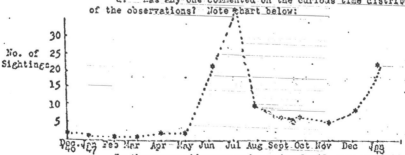

No. of Sightings

30
25
20
15
10
5

Dec. Jan Feb Mar Apr May Jun Jul Aug Sept Oct Nov Dec Jan
'48 '49   '49

Is there any midsummer madness involved? Are asteroids prominent in that season? Etc., etc.

공식 비망록·미합중국 정부

수신: 마클 박사, 과학정보국OSI

일시: 1949년 3월 15일

발신: 스톤 박사, 과학정보국

제목: 접시형 비행물체

1. 문서를 보면 혼란스럽고도 놀랍다는 반응을 보인다.

2. 아래 열거한 항목은 조사에 포함되지 않은 것 같다.

    a. 미확인 물체 중 다수가 "자유 상승·하강하는free" 기상관측용 풍선일 가능성이 있다는 주장은 눈에 띄지 않는다.

    b. 사건에 "비행접시"가 연루된다손 치더라도 그것이 미국 상공에서 발견될 가능성은 상당히 희박하다. 이유는 아래와 같다.

(1) 미국이 개발한 비행선이라면 공군이나 관련업계 설계자의 면밀한 협력이 있었을 것이다.

(2) 연료를 공급받는다손 치더라도 해외 항공기가 미국에서 시험비행을 실시한다는 것은 거의 불가능하다.

(3) 수천 마일 밖에서 항공기를 유도하는 기술은 여태 알려진 바가 없다. 미국도 예외가 아니다.

c. "빈" 공간에 나타났다가 순식간에 사라지는 물체가 원이나 타원의 모양을 하고 있다는데 이때 작용한 심리는 무엇일까?

d. 미확인 비행물체가 관측된 수를 나타낸 도표를 언급한 사람이 있는가? 도표를 보라.

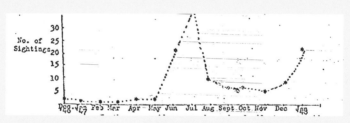

목격 건수 | 12월 1월 2월 3월 4월 5월 6월 7월 8월 9월 10월 11월 12월

"한여름의 광기(midsummer madness, '광란의 극치'라는 뜻도있다 – 옮긴이)"라도 도진 것일까? 여름이 되면 소행성이 두드러지게 눈에 띄어 그런가?

OCT 2 1952

MEMORANDUM TO: Director of Central Intelligence

THROUGH: Deputy Director (Intelligence)

FROM: Assistant Director, Office of Scientific
                     Intelligence

SUBJECT: Flying Saucers

1. PROBLEM—To determine: (a) Whether or not there are national
   security implications in the problem of "unidentified
   flying objects"; (b) whether or not adequate study and
   research is currently being directed to this problem
   in its relation to such national security implications;
   and (c) what further investigation and research should
   be instituted, by whom, and under what aegis.

2. FACTS AND DISCUSSION—OSI has investigated the work currently
   being performed on "flying saucers" and found that the
   Air Technical Intelligence Center, DI, USAF, Wright-
   Patterson Air Force Base, is the only group devoting
   appreciable effort and study to this subject, that ATIC
   is concentrating on a case-by-case explanation of each
   report, and that this effort is not adequate to corre-
   late, evaluate, and resolve the situation on an over-
   all basis. The current problem is discussed in detail
   in TAB A.

3. CONCLUSIONS—"Flying saucers" pose two elements of danger
   which have national security implications. The first
   involves mass psychological considerations and the
   second concerns the vulnerability of the United States
   to air attack. Both factors are amplified in TAB A.

4. ACTION RECOMMENDED—(a) That the Director of Central Intel-
   ligence advise the National Security Council of the
   implications of the "flying saucer" problem and request
   that research be initiated. TAB B is a draft memo-
   randum to the NSC, for the DCI's signature. (b) That
   the DCI discuss this subject with the Psychological
   Strategy Board. A memorandum to the Director,
   Psychological Strategy Board, is attached for sig-
   nature as TAB C. (c) That CIA, with the cooperation
   of PSB and other interested departments and agencies,
   develop and recommend for adoption by the NSC a

policy of public information which will minimize concern
and possible panic resulting from the numerous sightings
of unidentified objects.

H. MARSHALL CHADWELL
Assistant Director
Scientific Intelligence

ANNEXES:
   TAB A—Memorandum to DCI, through DDI, Subject: Flying
      Saucers.
   TAB B—Letter to National Security Council with enclosure.
   TAB C—Memo to Director, Psychological Strategy Board with
      enclosure.

CONCURRENCES:

Date:

LOFTUS E. BECKER
Deputy Director/Intelligence

ACTION BY APPROVING AUTHORITY:

Date:

Approved (disapproved):

WALTER B. SMITH
Director

- 2 -

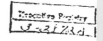

SEP 24 1952

MEMORANDUM FOR: Director of Central Intelligence

THROUGH : Deputy Director (Intelligence)

SUBJECT : Flying Saucers

1. Recently an inquiry was conducted by the Office of Scientific Intelligence to determine whether there are national security implications in the problem of "unidentified flying objects," i.e., flying saucers; whether adequate study and research is currently being directed to this problem in its relation to such national security implications; and what further investigation and research should be instituted, by whom, and under what aegis.

2. It was found that the only unit of Government currently studying the problem is the Directorate of Intelligence, USAF, which has charged the Air Technical Intelligence Center (ATIC) with responsibility for investigating the reports of sightings. At ATIC there is a group of three officers and two secretaries to which come, through official channels, all reports of sightings. This group conducts investigation of the reports, consulting as required with other Air Force and civilian technical personnel. A world-wide reporting system has been instituted and major Air Force Bases have been ordered to make interceptions of unidentified flying objects. The research is being conducted on a case basis and is designed to provide a satisfactory explanation of each individual sighting. ATIC has concluded an arrangement with Battelle Memorial Institute for the latter to establish a machine indexing system for official reports of sightings.

3. Since 1947, ATIC has received approximately 1500 official reports of sightings plus an enormous volume of letters, phone calls, and press reports. During July 1952 alone, official reports totaled 250. Of the 1500 reports, Air Force carries 20 percent as unexplained and of those received from January through July 1952 it carries 28 percent unexplained.

4. In its inquiry into this problem, a team from CIA's Office of Scientific Intelligence consulted with a representative of Air Force Special Studies Group; discussed the problem with those in charge of the Air Force Project at Wright-Patterson Air Force Base; reviewed a considerable volume of intelligence reports; checked the Soviet press and broadcast indices; and conferred with three CIA consultants, who have broad knowledge of the technical areas concerned.

5. It was found that the ATIC study is probably valid if the purpose is limited to a case-by-case explanation. However, that study does not solve the more fundamental aspects of the problem. These aspects are to determine definitely the nature of the various phenomena which are causing these sightings, and to discover means by which these causes, and their visual or electronic effects, may be identified immediately. The CIA consultants stated that these solutions would probably be found on the margins or just beyond the frontiers of our present knowledge in the fields of atmospheric, ionospheric, and extraterrestrial phenomena, with the added possibility that the present dispersal of nuclear waste products might also be a factor. They recommended that a study group be formed to perform three functions:

    a. analyze and systematize the factors which constitute the fundamental problem;

    b. determine the fields of fundamental science which must be investigated in order to reach an understanding of the phenomena involved; and

    c. make recommendations for the initiation of appropriate research.

Dr. Julius A. Stratton, Vice President of the Massachusetts Institute of Technology, has indicated to CIA that such a group could be constituted at that Institute. Similarly, Project Lincoln, the Air Force's air defense project at MIT, could be charged with some of these responsibilities.

6. The flying saucer situation contains two elements of danger which, in a situation of international tension, have national security implications. These are:

    a. Psychological — With world-wide sightings reported, it was found that, up to the time of the investigation, there had been in the Soviet press no report or comment, even satirical, on flying saucers, though Gromyko had made one humorous mention of the subject. With a State-controlled press, this could result only from an official policy decision. The question, therefore, arises as to whether or not these sightings:

        (1) could be controlled,

        (2) could be predicted, and

        (3) could be used from a psychological warfare point of view, either offensively or defensively.

The public concern with the phenomena, which is reflected both
in the United States press and in the pressure of inquiry upon the
Air Force, indicates that a fair proportion of our population
is mentally conditioned to the acceptance of the incredible.
In this fact lies the potential for the touching-off of mass
hysteria and panic.

 b. <u>Air Vulnerability</u> - The United States Air Warning System
will undoubtedly always depend upon a combination of radar screen-
ing and visual observation. The U.S.S.R. is credited with the
present capability of delivering an air attack against the
United States, yet at any given moment now, there may be
current a dozen <u>official</u> unidentified sightings plus many
unofficial ones. At any moment of attack, we are now in a
position where we cannot, on an instant basis, distinguish
hardware from phantom, and as tension mounts we will run the
increasing risk of false alerts and the even greater danger
of falsely identifying the real as phantom.

7. Both of these problems are primarily operational in nature
but each contains readily apparent intelligence factors.

8. From an operational point of view, three actions are
required:

 a. Immediate steps should be taken to improve identification
of both visual and electronic phantom so that, in the event of
an attack, instant and positive identification of enemy planes
or missiles can be made.

 b. A study should be instituted to determine what, if any,
utilization could be made of these phenomena by United States
psychological warfare planners and what, if any, defenses should
be planned in anticipation of Soviet attempts to utilize them.

 c. In order to minimize risk of panic, a national policy
should be established as to what should be told the public
regarding the phenomena.

9. Other intelligence problems which require determination
are:

 a. The present level of Soviet knowledge regarding
these phenomena.

 b. Possible Soviet intentions and capabilities to
utilize these phenomena to the detriment of United States
security interests.

c. The reasons for silence in the Soviet press regarding flying saucers.

10. Additional research, differing in character and emphasis from that presently being performed by Air Force, will be required to meet the specific needs of both operations and intelligence. Intelligence responsibilities in this field as regards both collection and analysis can be discharged with maximum effectiveness only after much more is known regarding the exact nature of these phenomena.

11. I consider this problem to be of such importance that it should be brought to the attention of the National Security Council, in order that a community-wide coordinated effort towards its solution may be initiated.

H. MARSHALL CHADWELL
Assistant Director
Scientific Intelligence

ER - 3 - 2872
1952년 10월 2일

비망록 최종결재: 중앙정보국장
결재: (정보국) 부국장
발제: 과학정보국 차장
주제: 접시형 비행물체

1. 문제제기 (a) "미확인 비행물체(UFO)" 사건이 국가안보에 영향을 주는
지, (b) 이와 관련하여, 현재 적절한 연구와 조사의 초점이
UFO 사건에 맞춰져 있는지, (c) 추가해야 할 연구 및 조사
는 무엇이며 누가, 무슨 후원으로 실시할 것인지 결정한다.

2. 사실 및 논의 과학정보국(이하 OSI)은 "접시형 비행물체"에 대한 현
행 연구를 조사한 결과, 공군항공기술정보센터(Air Technical
Intelligence Center)(이하 ATIC)와 국방정보부DI, 미 공군USAF 및
라이트패터슨 공군기지Wright-Patterson Air Force Base만이 UFO
연구에 전념하고, ATIC는 각 보고서를 사례별로 해명하
는 데 주안점을 두고 있으나, 이 같은 연구가 전반적인 근
거를 토대로 사건의 연관성을 보여주거나 사건을 분석·해

결하는 데는 적합지 않다고 단정했다. 최근 문제는 부록 A에서 구체적으로 다루고 있다.

3. 결론   "접시형 비행물체"가 국가안보에 영향을 미치는 두 가지 변수 중, 첫째는 대중의 심리요, 둘째는 공습에 대한 자국의 취약성일 것이다. 두 변수는 부록 A에서 강조해 두었다.

4. 권고사항 (a) 중앙정보국 국장은 "접시형 비행물체" 사건의 여파에 대해 국가안전보장회의the National Security Council(이하 NSC)에 통보하고, 조사를 의뢰해야 한다. 부록 B는 NSC에 제출할 비망록으로, 중앙정보국 국장DCI의 결재를 위해 작성한 초안이다. (b) 국장은 심리전략위원회the Psychological Strategy Board(이하 PSB)와 이 주제를 논의해야 한다. 국장과 위원회에 제출할 또 다른 비망록은 결재를 위해 부록 C로 첨부한다. (c) CIA는 PSB를 비롯한 유관기관 및 부서와 협력하여, 미확인 비행물체를 둘러싼 수많은 목격담을 통해 불거질 우려나 혼란을 최소화하기 위해 공보정책을 개발하여 NSC에 이를 권해야 할 것이다.

H. 마셜 채드웰
과학정보국 차장

첨부

동의서

　　　일시: _____

　　　　　　　　　　　　　　　로프터스 E. 베커
　　　　　　　　　　　　　　　부국장／정보국

승인기관 시행

　　　일시: _____

승인(반려)

　　　　　　_____

　　　　　　　　　　　　　　　월터 B. 스미스 국장

비망록 최종결재: 중앙정보국장

결재: (정보국) 부국장

주제: 접시형 비행물체

1. 최근 과학정보국은 '미확인 비행물체' 즉, 비행접시 사건이 국가안
   보에 영향을 미치는가를 비롯하여, 국가안보와 관련하여 현재 충
   분한 연구와 조사의 방향이 이 현안에 맞춰져 있는지, 추가해야 할
   연구 및 조사는 무엇이며 누가, 무슨 후원으로 실시할 것인지 확인
   하기 위해 조사를 실시했다.

2. 현 사건을 연구 중인 정부기관으로는 정보국 관리와, 공군항공기
   술정보센터(ATIC)에 UFO 목격담 조사를 의뢰해온 공군인 것으로
   나타났다. ATIC에는 세 명의 관리와 두 명의 서기관으로 구성된
   그룹이 공식 채널을 통해 목격한 진술을 수집하는데, 이들은 공
   군 및 민간기술자의 공조 하에 보도 자료를 조사한다. 보고 시스
   템은 전 세계적으로 가동되고 있으며, 주요 공군기지는 미확인 비
   행물체를 요격하라는 명령을 받았다. 목격자의 증언을 해명하기 위
   해 연구가 진행 중이다. ATIC는 목격담에 대한 공식 보도 색인을
   정리하는 시스템을 구축할 수 있도록 바텔 연구소(Battelle Memorial
   Institute, 바텔의 유산 170만 달러를 기금으로 하여 미국의 콜럼버스에 세운 이공학 관계
   연구소-옮긴이)와 협정을 완료했다.

3. 1947년 이후, ATIC는 공식적으로 보고된 1500 건을 비롯하여, 방대한 양의 서신과 전화 및 언론 보도를 접수했다. 1952년 공식 보도는 7월에만 1500건 중 총 250건인 것으로 나타났고, 공군은 1500건 중, 20퍼센트를 차지하는 미제사건을 다루었다. 같은 해 1월에서 7월에 이르기까지 미제사건은 28퍼센트인 것으로 확인되었다.

4. CIA 과학정보국에서 결성된 팀은 사건을 조사하던 중, 공군특수연구단 대표와 회동하며 라이트패터슨 공군기지에서 실시하는 공군 프로젝트 담당자와 견해를 나누고, 수많은 정보국 보고서와 소련 언론 및 방송을 확인하는가 하면, 관련 기술영역에 지식을 갖춘 세 명의 CIA 컨설턴트와 소견을 교환하기도 했다.

5. ATIC 연구는 목적이 사례별 해명에 있다면 타당한 것으로 보인다. 그러나 이 연구는 사건의 근본적인 측면까지 해명하진 못한다. 여기서 근본적인 측면이란 목격담의 원인이 되는 다양한 현상의 본질을 규명하고, 이 같은 원인뿐 아니라, 시각(효과) 혹은 전자효과 electronic effects를 즉각 밝혀낼 수단을 찾아내는 것을 일컫는다. CIA 컨설턴트에 따르면, UFO를 해명해낼 수단은 대기와 전리층 및 외계에서 벌어지는 현상에 대한 지식 주변이나 그 너머에서 발견될지도 모른다고 한다. 한창 확산되고 있는 핵폐기물도 원인으로 작용할 가능성이 점차 높아지고 있다. 그들은 다음 세 가지 역할을 수행할 수 있도록 연구단체 결성을 권했다.

> a. 근본적인 문제를 이루는 원인을 조직·분석한다.
>
> b. 관련 현상을 이해하기 위해 연구해야 할 기초과학 영역을 규명한다.
>
> c. 정확한 연구를 권한다.

MIT 공대 행정부총장인 줄리어스 A. 스트래튼 박사는 연구단을 MIT에서 조직해봄직하다는 소견을 CIA에 내비쳤다. 아울러 공군 방어 프로젝트를 담당한 MIT 링컨연구소도 이 같은 역할을 감당해야 할 것이다.

6. 접시형 비행물체 사건에 깔려 있는 두 가지 위험요소는, 특히 국제 사회가 긴장을 체감하고 있는 상황이라면 국가안보에도 영향을 주게 마련이다.

     a. 심리적인 변수

지구촌 곳곳에서 목격담이 전해지고는 있으나, 소식통에 따르면 당국이 조사할 때까지만 해도 소련 언론에서 비행접시를 언급하거나 보도한 적(풍자한 적 또한 전무하다)은 전혀 없는 것으로 나타났다. 물론 그로미코(Gromyko, 소련의 정치가로 외상과 제1부수상을 역임했다—옮긴이)가 우스갯소리로 이를 꺼낸 적은 있지만 말이다. 아무래도 국영언론인지라 정부의 방침 탓에 그럴 가능성도 있을 것이다. 그렇다면 목격담은 ＿＿＿＿＿＿＿?

(1) 마음만 먹으면 얼마든 잠재울 수 있는가?
(2) 어느 정도 예측할 수 있다는 말인가?
(3) 방어든 공격이든, 심리전의 일환으로 활용될 수도 있지 않겠는가?

미국 언론뿐 아니라, 공군을 수사하라는 압박을 보면 알 수 있듯, UFO를 둘러싼 대중적인 관심을 보면 믿기 힘든 속설도 대다수가 기탄없이 수긍하고 있다. 어쩌면 집단 히스테리와 패닉이 도졌을지도 모를 일이다.

b. 대공방어의 취약성

미국이 갖춘 공습경보 시스템은 예외 없이 레이더 감시와 육안 관찰로 이루어지고 있다. 소련은 미국을 상대로 공습을 감행할 수 있다는데, 확실히 규명되지 않은 공식적인 목격담이 십수 개씩, 비공식적인 건도 적잖이 속출하고 있는 상황이다. 그러니 미국은 실상과 허상을 즉각 구분해낼 수 없는 데다, 긴장이 고조된 상황이라면 허위 경보를 발령하거나 실상을 허상으로 착각할 가능성이 훨씬 더 높아질 것이다.

7. 위 두 가지 쟁점은 본디 작전상의 문제지만 각자에는 정보상의 변수도 담겨 있는 듯싶다.

8. 작전상 필요한 점 세 가지는 아래와 같다.

a. 육안이나 레이더망에 포착되었으나 착각으로 밝혀진 대상을 명확히 구분해 냄으로써 돌발적인 기습시 적기나 미사일을 신속하고 분명히 파악하기 위해서는 즉각적인 단계별 조치가 필요하다.

b. 미국측 심리전 전문가가 UFO 신드롬을 활용할 수 있다면 어떻게 할 것이며, 소련이 이를 역이용하리라는 첩보가 입수된다면 당국은 어떻게 방어할지 결정해야 할 터인데, 그러려면 좀더 조사가 필요할 것이다.

c. 혼란을 최대한 줄이려면 UFO 신드롬을 어떻게 해명할지 국가차원의 방침이 마련되어야 한다.

9. 아래 열거한 정보상의 문제도 따져봐야 한다.

 a. 소련은 UFO 현상을 얼마나 알고 있는가?

 b. 소련이 미국의 안보를 위협하기 위해 UFO 신드롬을 악용할 의향
 과 가능성이 있는가?

 c. 소련 언론이 비행접시에 대해 함구하고 있는 이유는 무엇인가?

10. 공군이 실시하는 조사는 성격과 주안점이 다르므로 작전 및 정보
 상의 구체적인 필요를 충족시키기 위해서는 조사가 추가되어야 할
 것이다. 분야에 따른 정보상의 임무는 UFO 신드롬의 정체를 파악
 하고 나야 효율성을 최대한 끌어올릴 수 있을 것이다.

11. UFO 사건은 상당히 중요한 문제이므로 국가안전보장회의의 관심
 을 끌어야 한다고 본다. 그래야만 해결책을 위한 지역사회의 노력
 을 기대할 수 있을 것이기 때문이다.

H. 마셜 채드웰
과학정보국 차장

끝

3 December 1952

MEMORANDUM FOR RECORD

SUBJECT: Flying Saucers

1. At 1100 yesterday morning I met with Dr. Julius A. Stratton, Executive Vice President and Provost of Massachusetts Institute of Technology and Dr. Max Millikan, Director of CENIS. I briefed them on the various new reports of sightings including the Limestone Base Case, the Florida Scout Master, the Utah Motion Pictures, etc. I also brought Dr. Stratton up to date on developments which had occurred since our previous discussion of the subject in August. Dr. Stratton reiterated his earlier position that this is a subject which must be investigated and he said that probably the best means of getting a thoroughly competent review of the problem would be through Project LINCOLN. He said, however, that in view of the delicate position in relation to Air Force, as a result of the "Summer Study Report", any acceptance of this project by LINCOLN must be based on Air Force concurrence or on an independent proposal from one of the other services. He said that Alfred Hill would be the best man to head the group. Assuming that it might prove impractical to place the Project at LINCOLN, we explored other possibilities including Princeton and Cal Tech. Dr. Stratton felt very strongly that Cal Tech would be the better of the two in view of the presence there of Robertson, Lauritson, Spitzer (on temporary duty from Princeton), Millikan's brother and others. Dr. Stratton asked particularly that we keep him informed of the progress that we make in having this problem investigated as he is personally very interested as well as fully aware of the potential danger and implications of the situation.

2. Following the meeting with Drs. Stratton and Millikan, I had lunch at the Faculty Club with Lloyd Berkner and Jerrold Zacharias and briefed them on the recent cases and our feelings regarding their implications. Berkner, while apparently not interested in taking a personal part, felt strongly that the saucer problem should be thoroughly investigated from a scientific point of view. Zacharias did not appear to be greatly interested in the problem and made only one suggestion, i.e. that Shirley Quimby of Columbia University be brought into the picture. Quimby took his physics degree at the same time as Zacharias; is now at Columbia University, having during the war been a Navy scientist working on ASW. Zacharias suggested Quimby because the latter is probably the most expert man in the country on magic and general chicanery.

3. My conclusion from these conversations is that it will probably be necessary to secure the full backing of DCI in order that a scientific review of this problem may be laid on. Without this backing, it would probably be impossible to secure the Air Force cooperation which would be necessary, particularly in the matter of availability of reports, etc.

b 3

P. G. STRONG

Orig – Subjec
1 – Chrono
1 – Daily

OSI/PGS/bxd

비망록

1952년 12월 3일

주제: 접시형 비행물체

1. 어제 오전 11시, MIT 공대 행정부총장이자 교무처장인 줄리어스 A.
   스트래튼 박사와, MIT 국제연구센터(CENIS) 대표인 맥스 밀리컨 박
   사와 회동했다. 라임스톤 공군기지와 플로리다 스카우트 단장 및
   유타 모션픽처스 등에 대한 사건을 브리핑했다. 스트래튼 박사에
   게는 지난 8월 이후에 추가된 사안도 덧붙였다. 이때 박사는 이를
   연구대상으로 삼아야 마땅하며, 사건을 철저히 파헤치려면 링컨 프
   로젝트(Project LINCOLN, MIT 링컨연구소를 가리킨다 – 옮긴이)와 손을 잡아
   야한다는 입장을 재차 강조했다. 아울러 「하계연구보고서Summer
   Study Report」로 빚어진, 공군과의 민감한 관계를 감안해볼 때 링컨
   연구소가 연구계획을 수락하려면 공군이 동의하거나, 다른 유관기
   관의 독자적 제안을 토대로 삼아야 한다는 점을 지적했다. 그는
   알프레드 힐이라면 연구소장으로 제격일 거라고 말했다. 우리는 링
   컨측이 연구계획의 비현실성을 입증해낼지도 모른다는 가정 하에
   프린스턴과 캘리포니아 공대의 연구 가능성도 확인해 보았다. 스
   트래튼 박사는 둘 중 하나를 고른다면, 로버트슨과 로리트슨 및
   (프린스턴에서 임시 근무중인) 스피처 및 밀리컨 형제의 입지를 고려해볼
   때 캘리포니아 공대가 더 낫다고 확신했다. 특히 박사는 사건을
   조사하는 족족 현황을 통보해 달라고 당부했다. 개인적으로도 관
   심이 많지만, 사건의 여파와 위험성도 아주 잘 알고 있다고 자부했
   기 때문이다.

2. 스트래튼과 밀리컨 박사와의 회동 후, 교직원 회관에서 로이드 버크너 및 제럴드 자카리어스와 점심을 먹고 난 후, 최근 사건과 그 여파에 대해 연구진의 생각을 간략히 보고했다. 버크너는 미확인비행물체 사건을 과학적인 시각에서 철저히 조사해야 한다는 입장을 밝혔으나 자신의 역할이 내키지 않는다는 눈치였다. 반면, 자카리어스는 사건에 별 관심이 없었는지 콜롬비아 대학에 재직 중인 셜리 퀴비 영입만을 조언했다. 퀴비는 그와 같은 해에 물리학을 전공했고, 2차 대전 당시 대잠수함전antisubmarine warfare에 참전한 해군과학자였다. 자카리어스가 퀴비를 거론한 이유는 그만큼 마술과 속임수를 꿰는 전문가가 국내에는 없었기 때문이었다.

3. 논의를 통해 얻은 결론은 사건을 과학적으로 검토하려면 정보부 국장의 지원을 받아야 할지도 모른다는 것이다. 전폭적인 지원이 없다면 공군의 협조를 얻기가 불가능해질 수도 있다. 특히 보고서의 적합성여부를 두고는 공군의 공조가 반드시 필요할 것이다.

P. G. 스트롱

P.

Memorandum for file OSI-W/A   21 January 1953

Meeting of OSI Advisory Group on UFO
January 14 thru 17, 1953

Declassified by __058375__
date ___20 APR 1977___

At 0945 on January 14, 1953, an ad hoc panel of scientific consultants
was convened to review the "Unidentified Flying Objects" problem. A detailed
statement of the problem presented to the group by CIA is attached as Appendix
A. The panel consisted of the following:

Dr. Robertson, CIT
Dr. Luis Alvarez
Dr. S. Goudsmit, Brookhaven
Dr. Thornton Page, ORO Johns Hopkins
Dr. J.A. Hynek, consultant to ATIC.

The following members of the staff of OSI were present for various parts
of the discussions.

Dr. H.M. Chadwell
R.L. Clark
P.G. Strong
F.C. Durant III
Lt. Col. Oder   (P&E)
D.B. Stevenson (Weapons)

To assist the scientific panel in its review and analysis of evidence,
Capt. E. J. Ruppelt of ATIC, Lt. Neasham and Mr. H. Woo of the Navy photo
interpretation lab at Anacostia, and Major Fournet and Capt. Smith of Air
Force Directorate of Intelligence were present.

A final report on the results of the meeting is being prepared for the
AD/SI by F.C. Durant but it is believed that the following is a fair statement
of the conclusions reached:

1. No evidence is available to indicate any physical threat to the
security of the United States.

2. No evidence is available to indicate the existence or use of any
as yet unknown (to us) fundamental scientific principles.

3. The subject "UFO" is not of direct intelligence interest. It is of
indirect intelligence interest only insofar as any knowledge about the
innumerable unsolved mysteries of the universe are of intelligence interest.

4. The subject "UFO" is of operational interest for three reasons:
    (a) Interference with air defense by intentional enemy jamming or
        by lack of ability on the part of operating personnel to dis-
        criminate between radar anomalies and actual airborne weapons
    (b) Related to (a), interference with air defense by overloading
        communication lines from the air defense observation stations.
    (c) Possibility of a psychological offensive by the enemy timed
        with respect to an actual attack could conceivably seriously

41

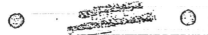

reduce the defense effort of the general public.

It is noted that these general conclusions as stated here do not specifically answer the needs presented in Appendix A. However, it is anticipated that comment on these points will be presented in a written statement from the scientific panel to AD/SI.

[DBS:gl] (typed 12 February 1953)

- 2 -

비망록 OSI-W/A

1953년 1월 21일

UFO에 대한 OSI 자문그룹 회의

1953년 1월 14~17일
기밀해제 제05-6375
일시 4월 20일

1953년 1월 14일 9시 45분, "미확인 비행물체" 사건을 검토하기 위해 특별 과학 컨설턴트 패널이 소집되었다. 중앙정보국이 제시한, 사건의 구체적인 진술은 부록에 첨부한다.

A. 패널 구성원은 아래와 같다.

로버트슨 박사, 캘리포니아 공대
루이스 앨버레즈 박사
S. 굿스미트 박사, 브룩헤이번 국립연구소
손튼 페이지 박사, 존스 홉킨스 대학
J. A. 하이넥, 항공기술정보센터ATIC 컨설턴트

아래 열거한 OSI 스태프는 다양한 토론회에 참여했다.

H. M. 채드웰

R. L. 클라크

P. G. 스트롱

F. C. 듀란트 3세

오더 중령(작전계획 및 전략평가P&E)

D. B. 스티븐슨(화기)

증거를 분석·검토하는 패널을 지원하기 위해 ATIC 소속 E. J. 러펠트 대위와 니샴 대위, 아나코스티스 해군사진판독센터, 포넷 소령 및 공군정보국 소속 스미스 대위가 참여했다.

회의 결과에 대한 최종보고서는 F. C. 듀란트가 방공시스템 통합망air defense system integrator(ADSI) 등록을 위해 작성하고 있으나, 아래 항목이 결론을 적절히 진술한 것으로 판단된다.

 1. 자국 안보에 물리적인 피해를 초래할 수 있다는 증거는 없다.

 2. 아직까지 알려지지 않은 근본적인 과학원리가 존재한다거나, 그에 대한 실효성을 암시하는 증거는 없다.

 3. "미확인 비행물체UFO"가 정보국의 1차적인 관심사는 아니다. UFO는 우주에서 벌어지는 온갖 미스터리를 둘러싼 지식이 정보국의 관심사이므로 어디까지나 2차적인 화제에 지나지 않는다.

4. "UFO"가 작전상 화두가 된 세 가지 이유는 다음과 같다.

  a) 작전참모가 공수무기와 레이더 이상의 차이를 잘못 구분한다거나, 적군이 의도적으로 교란작전을 펴 대공방어에 지장을 줄지도 모른다.

  b) a)에 덧붙이자면, 관제소의 통신망 과부하로 대공방어에 차질이 빚어질 수도 있다.

  c) 적군이 공격을 감행할 시기에 맞추어 대중의 심리를 자극하면 방어력이 저하될 수 있다.

본문에 진술된 일반 결론은 첨부된 부록 A에서 제기한 의문의 답이 될 수는 없을 것이다. 그러나 쟁점에 대한 전문 패널의 코멘트는 방공시스템 통합망에 서면으로 등재될 예정이다.

DBS:g1 (작성일 1953년 2월 12일)

COMMENTS AND SUGGESTIONS OF UFO PANEL

General.

The Panel Members were impressed with the lack of
sound data in the great majority of case histories. Among
the case histories of significant sightings discussed in
detail were the following:

Bellefontaine, Ohio (1 August 1952); Tremonton, Utah
(2 July 1952); Great Falls, Montana (15 August 1950);
Yaak, Montana (1 September 1952); Washington, D.C.
area (19 July 1952); and Haneda A.F.B., Japan
(5 August 1952), Port Huron, Michigan (29 July 1952);
and Presque Isle, Maine (10 October 1952).

After review and discussion of these cases (and about
15 others, in less detail), the Panel concluded that
reasonable explanations could be suggested for most sight-
ings and "by deduction and scientific method it could be
induced (given additional data) that other cases might be
explained in a similar manner". The Panel pointed out that
because of the brevity of some sightings (e.g., 2-3 seconds)
and the inability of the witnesses to express themselves
clearly (semantics) that conclusive explanations could not
be expected for every case reported. Furthermore, it was
considered that, normally, it would be a great waste of
effort to try to solve most of the sightings, unless such

COMMENTS AND SUGGESTIONS OF UFO PANEL

General.

The Panel Members were impressed with the lack of
sound data in the great majority of case histories. Among
the case histories of significant sightings discussed in
detail were the following:

Bellefontaine, Ohio (1 August 1952); Tremonton, Utah
(2 July 1952); Great Falls, Montana (15 August 1950);
Yaak, Montana (1 September 1952); Washington, D.C.
area (19 July 1952); and Haneda A.F.B., Japan
(5 August 1952), Port Huron, Michigan (29 July 1952);
and Presque Isle, Maine (10 October 1952).

After review and discussion of these cases (and about
15 others, in less detail), the Panel concluded that
reasonable explanations could be suggested for most sight-
ings and "by deduction and scientific method it could be
induced (given additional data) that other cases might be
explained in a similar manner". The Panel pointed out that
because of the brevity of some sightings (e.g., 2-3 seconds)
and the inability of the witnesses to express themselves
clearly (semantics) that conclusive explanations could not
be expected for every case reported. Furthermore, it was
considered that, normally, it would be a great waste of
effort to try to solve most of the sightings, unless such

action would benefit a training and educational program .
(see below). The writings of Charles Fort were referenced
to show that "strange things in the sky" had been recorded
for hundreds of years. It appeared obvious that there was
no single explanation for a majority of the things seen.

On Lack of Danger.

The Panel concluded unanimously that there was no
evidence of a direct threat to national security in the
objects sighted. Instances of "Foo Fighters" were cited.
These were unexplained phenomena sighted by aircraft
pilots during World War II in both European and Far East
theaters of operation wherein "balls of light" would fly
near or with the aircraft and maneuver rapidly. They were
believed to be electrostatic (similar to St. Elmo's fire)
or electromagnetic phenomena or possibly light reflections
from ice crystals in the air, but their exact cause or
nature was never defined. If the term "flying saucers"
had been popular in 1943-1945, these objects would have
been so labeled.

Air Force Reporting System.

It was the Panel's opinion that some of the Air Force
concern over UFO's (notwithstanding Air Defense Command
anxiety over fast radar tracks) was probably caused by
public pressure. The result today is that the Air Force

has instituted a fine channel for receiving reports of
nearly anything anyone sees in the sky and fails to under-
stand. This has been particularly encouraged in popular
articles on this and other subjects, such as space travel
and science fiction. The result is the mass receipt of
low-grade reports which tend to overload channels of
communication with material quite irrelevant to hostile
objects that might some day appear. The Panel agreed
generally that this mass of poor-quality reports containing
little, if any, scientific data was of no value. Quite
the opposite, it was possibly dangerous in having a military
service foster public concern in "nocturnal meandering
lights". The implication being, since the interested
agency was military, that these objects were or might be
potential direct threats to national security. Accordingly,
the need for deemphasization made itself apparent. Comments
on a possible educational program are enumerated below.

It was the opinion of one of the Panel members that
the "saucer" problem had been found to be different in
nature from the detection and investigation of German V-1
and V-2 guided missiles prior to their operational use in
World War II. In this 1943-1944 intelligence operation
(CROSSBOW), there was excellent intelligence, and by June

3

1944 there was material evidence of the existence of "hardware" obtained from crashed vehicles in Sweden. This evidence gave the investigating team a basis upon which to operate. The absence of any "hardware" resulting from unexplained UFO sightings lends a "will-of-the-wisp" nature to the problem. The results of the investigation, to date, strongly indicate that no evidence of hostile act or danger exists. Furthermore, the current reporting system would have little value in the case of detection of enemy attack by conventional aircraft or guided missiles; under such conditions "hardware" would be available almost at once.

Artifacts of Extraterrestial Origin.

It was interesting to note that none of the members of the Panel were loath to accept that this earth might be visited by extraterrestrial intelligence beings of some sort, some day. What they did not find was any evidence that related the objects sighted to space travelers. One of the Panel members, in his presentation, showed how he had eliminated each of the known and probable causes of sightings leaving him "extra-terrestial" as the only one remaining in many cases. His background as an aeronautical engineer and technical intelligence officer could not be slighted. However, the Panel could not accept any of the cases cited by him because they were raw, unevaluated reports. Terrestrial explanations of the sightings were suggested in some cases, and in others the time of sighting was so short as to cause suspicion of visual impressions. It was noted by others of the Panel members that extra-terrestrial artifacts, if they did exist, are no cause for alarm; rather, they are in the realm of natural phenomena subject to scientific study, just as cosmic rays were at the time of their discovery 20 to 30 years ago. This was an attitude in which another of the Panel members did not concur, as he felt that such artifacts would be of immediate and great concern not only to the U.S. but to all countries. (Nothing like a common threat to unite peoples!) It was noted that present astronomical knowledge of the solar system makes the existence of intelligence beings (as we know the term) elsewhere than on the earth extremely unlikely, and the concentration of their attention by any controllable means confined to any one continent of the earth quite preposterous.

Tremonton, Utah, Sighting.

This case was considered significant because of the excellent documentary evidence in the form of Kodachrome motion picture films (about 1600 frames). The Panel studied these films, the case history, ATIC's interpretation, and received a briefing by representatives of the USN Photo Interpretation Laboratory on their analysis of the film. This team had expended (at Air Force request) approximately 1000 man-hours of professional and sub-professional time in the preparation of graph plots of individual frames of the film, showing apparent and relative motion of objects and variation in their light intensity. It was the opinion of the P.I.L. representatives that the objects sighted were not birds, balloons or aircraft, were "not reflections because there was no blinking while passing through 60° of arc" and were, therefore, "self-luminous". Plots of motion and variation in light intensity of the objects were displayed. While the Panel Members were impressed by the evident enthusiasm, industry and extent of effort of the P.I.L. team, they would not accept the conclusions reached. Some of the reasons for this were as follows:

a. A semi-spherical object can readily produce a reflection of sunlight without "blinking" through 60° of arc travel.

b. Although no date was available on the "albedo" of birds or polyethylene balloons

6

in bright sunlight, the apparent motions, sizes
and brightnesses of the objects were considered
strongly to suggest birds, particularly after the
Panel viewed a short film showing high reflectivity
of seagulls in bright sunlight.

    c. P.I.L. description of the objects sighted
as "circular, bluish-white" in color would be
expected in cases of specular reflections of sun-
light from convex surfaces where the brilliance
of the reflection would obscure other portions of
the object.

    d. Objects in the Great Falls case were
believed to have probably been aircraft, and the
bright lights such reflections.

    e. There was no valid reason for the attempt
to relate the objects in the Tremonton sighting to
those in the Great Falls sighting. This may have
been due to misunderstanding in their directive.
The objects in the Great Falls sighting are
strongly suspected of being reflections of air-
craft known to have been in the area.

    f. The intensity change in the Tremonton
lights was too great for acceptance of the P.I.L.
hypothesis that the apparent motion and changing

intensity of the lights indicated extremely high.
speed in small orbital paths.

    g. Apparent lack of guidance of investi-
gators by those familiar with UFO reports and
explanations.

    h. Analysis of light intensity of objects
made from duplicate rather than original film.
The original film was noted to have a much lighter
background (affecting relative brightness of
object) and the objects appeared much less bright.

    i. Method of obtaining data of light
intensity appeared faulty because of unsuitability
of equipment and questionable assumptions in making
averages of readings.

    j. No data had been obtained on the sensi-
tivity of Kodachrome film to light of various
intensities using the same camera type at the
same lens openings.

    k. Hand "jitter" frequencies (obtainable
from early part of Tremonton film) were not
removed from the plots of the "single pass plots"
at the end of the film.

8

The Panel believed strongly that the data available
on this sighting was sufficient for positive identification
if further data is obtained by photographing polyethylene
"pillow" balloons released near the site under similar
weather conditions, checking bird flight and reflection
characteristics with competent ornithologists and calculating
apparent "G" forces acting upon objects from their apparent
tracks.   It was concluded that the results of such tests
would probably lead to creditable explanations of value in
an educational or training program.   However, the Panel
noted that the cost in technical manpower effort required
to follow up and explain every one of the thousand or
more reports received through channels each year (1,900 in
1952) could not be justified.   It was felt that there will
always be sightings, for which complete data is lacking,
that can only be explained with disproportionate effort
and with a long time delay, if at all.   The long delay in
explaining a sighting tends to eliminate any intelligence
value.   The educational or training program should have
as a major purpose the elimination of popular feeling that
every sighting, no matter how poor the data, must be
explained in detail.   Attention should be directed to the
requirement among scientists that a new phenomena, to be
accepted, must be completely and convincingly documented.

9

In other words, the burden of proof is on the sighter, not the explainer.

Potential Related Dangers.

The Panel Members were in agreement that although evidence of any direct threat from these sightings was wholly lacking, related dangers might well exist resulting from:

    a. Misidentification of actual enemy artifacts by defense personnel.

    b. Overloading of emergency reporting channels with "false" information ("noise to signal ratio").

    c. Subjectivity of public to mass hysteria and greater vulnerability to possible enemy psychological warfare.

The first two of these problems may seriously affect the Air Defense intelligence system, and should be studied by experts, possibly under ADC. If UFO's become discredited in a reaction to the "flying saucer" scare, or if reporting channels are saturated with false and poorly documented reports, our capability of detecting hostile activity will be reduced. More competent screening or filtering of reported sightings at or near the source is required, and this can best be accomplished by an educational program.

Geographic Locations of Unexplained Sightings.

The map prepared by ATIC showing geographic locations of officially reported unexplained sightings (1952 only) was examined by the Panel. This map showed clusters in certain strategic areas such as Los Alamos. This might be explained on the basis of 24-hour watchful guard and awareness of security measures near such locations. On the other hand, there had been no sightings in the vicinity of sensitive related AE establishments while there were occasionally multiple cases of unexplained sightings in non-strategic areas. Furthermore, there appeared to be no logical relationship to population centers. The Panel could find no ready explanation for these clusters. It was noted, however, that if terrestrial artifacts were to be observed, it would be likely that they would be seen first near foreign areas rather than central U.S.

Instrumentation to Obtain Data.

The Panel was of the opinion that the present ATIC program to place 100 inexpensive 35 mm. stereo cameras (Videon Cameras) in the hands of various airport control tower operators would probably produce little valuable

11

a program of watching could be an adjunct of planned astronomical programs, little cost would be involved and that the trained astronomical personnel might photograph a sighting of an unidentified object.

It was agreed by the Panel that no government-sponsored program of optical nation-wide sky patrol is worthwhile at the present time, and that the encouragement of amateur astronomers to undertake such a program might have the adverse effect of over-emphasizing "flying saucer" stories in the public mind. However, the issue of radar-scope cameras for recording peculiar radar echoes would serve several purposes, including the better understanding of radar interference as well as identification of UFO's.

Radar Problem of Mutual Interference.

This characteristic problem of radar operation wherein the pulse signal (of approximately the same frequency) from station A may be picked up on the screen of station B and show as a high-speed track or series of dots was recognized to have probably caused a number of UFO reports. This problem was underlined by information received indicating ADC concern in solving this problem of signal identification before service use of very high-speed aircraft or guided missiles (1955-1956). One

Panel member believed that one answer to this problem was the use of a "doppler filter" in the receiving circuit. Another suggested that the problem might be better solved by the use of a "controlled jitter" wherein the operator receiving "very fast tracks" (on the order of 1000-14,000 mph) would operate a circuit which would alter slightly his station's pulse frequency rate. If the signal received on the screen had been caused by mutual interference with another station, the track would now show itself at a different distance from the center of the screen, if it still appeared at all. Such a technical solution was thought to be simpler and would cost much less than a "doppler filter".

Unexplained Cosmic Ray Phenomena.

Two reported cases were examined: one at Palomar Mountain, California, in October 1949, when cosmic ray counters went "off scale for a few seconds", apparently while a "V" of flying saucers was observed visually; and two, a series of observations by the "Los Alamos Bird Watchers Association" from August 1950 to January 1951, when cosmic ray coincidence counters behaved queerly. Circuit diagrams and records were available for the latter, and a Panel member was also quickly to point out that the recorded data were undoubtedly due to instrumental effects

14

that would have been recognized as such by more experienced observers.

The implication that radioactive effects were correlated with unidentified flying objects in these two cases was, therefore, rejected by the Panel.

Educational Program.

The Panel's concept of a broad educational program integrating efforts of all concerned agencies was that it should have two major aims: training and "debunking".

The training aim would result in proper recognition of unusually illuminated objects (e.g., balloons, aircraft reflections) as well as natural phenomena (meteors, fireballs, mirages, noctilucent clouds). Both visual and radar recognition are concerned. There would be many levels in such education from enlisted personnel to command and research personnel. Relative emphasis and degree of explanation of different programs would correspond to the categories of duty (e.g., radar operators; pilots; control tower operators; Ground Observer Corps personnel; and officers and enlisted men in other categories). This training should result in a marked reduction in reports caused by misidentification and resultant confusion.

The "debunking" aim would result in reduction in public interest in "flying saucers" which today evokes a

15

strong psychological reaction. This education could be accomplished by mass media such as television, motion pictures, and popular articles. Basis of such education would be actual case histories which had been puzzling at first but later explained. As in the case of conjuring tricks, there is much less stimulation if the "secret" is known. Such a program should tend to reduce the current gullibility of the public and consequently their susceptibility to clever hostile propaganda.

Members of the Panel had various suggestions related to the planning of such an educational program. It was felt strongly that psychologists familiar with mass psychology should advise on the nature and extent of the program. Also, someone familiar with mass communication techniques, perhaps an advertising expert, would be helpful. The teaching techniques used for aircraft identification during the past war were cited as an example of a similar educational task. The amateur astronomers in the U.S. might be a potential source of enthusiastic talent "to spread the gospel". It was believed that business clubs, high schools, colleges, and television stations would all be pleased to cooperate in the showing of documentary type motion pictures if prepared in an interesting manner.

16

The use of true cases showing first the "mystery" and then the "explanations" would be forceful.

To plan and execute such a program, the Panel believed was no mean task. The current investigatory group at ATIC would, of necessity, have to be closely integrated for support with respect to not only the historical cases but the current ones. Recent cases are probably much more susceptible to explanation than older ones; first, because of ATIC's experience and, secondly, their knowledge of most plausible explanations. The Panel believed that some expansion of the ATIC effort would certainly be required to support such a program. It was believed inappropriate to state exactly how large a Table of Organization would be required.

The Panel believed that, with ATIC's support, the educational program of "training and debunking" outlined above might be required for a minimum of one and one-half to two years. At the end of this time, the dangers related to "flying saucers" should have been greatly reduced if not eliminated. Cooperation from other military services and agencies concerned (e.g., Federal Civil Defense Administration) would be a necessity. In investigating significant cases (such as the Tremonton, Utah, sighting), controlled experiments might be required. An example would be the

17

photographying of "pillow balloons" at different distances under similar weather conditions at the site.

The help of one or two psychologists and writers and a subcontractor to produce training films would be necessary in addition. The Panel considered that ATIC's efforts, temporarily expanded as necessary, could be most useful in implementing any action taken as a result of its recommendations. Experience and records in ATIC would be of value in both the public educational and service training program envisaged. At least one Panel member was of the opinion that after public gullibility lessened and the service organizations, such as ADC, had been trained to sift out the more readily explained spurious sightings, there would still be a role for a very modest-sized ATIC section to cope with the residuum of items of possible scientific intelligence value. This section should concentrate on energetically following up those cases which seemed to indicate the evidence of unconventional enemy artifacts. Reports of such artifacts would be expected to arise mainly from Western outposts in far closer proximity to the Iron Curtain than Lubbock, Texas!

Unofficial Investigating Groups.

The Panel took cognizance of the existence of such groups as the "Civilian Flying Saucer Investigators"

18

(Los Angeles) and the "Aerial Phenomena Research Organ-
ization (Wisconsin)". It was believed that such organiza-
tions should be watched because of their potentially great
influence on mass thinking if widespread sightings should
occur. The apparent irresponsibility and the possible use
of such groups for subversive purposes should be kept in
mind.

Increase in Number of Sightings.

The consensus of the Panel was, based upon the history
of the subject, that the number of sightings could be
reasonably expected to increase again this summer.

SCIENTIFIC ADVISORY PANEL ON UNIDENTIFIED

FLYING OBJECTS

14-17 January 1953

Evidence Presented.

1. Seventy-five case histories of sightings 1951-1952 (selected by ATIC as those best documented).

2. ATIC Status and Progress Reports of Project GRUDGE and Project BLUE BOOK (code names for ATIC study of subject).

3. Progress Reports of Project STORK (Institute contract work supporting ATIC).

4. Summary Report of Sightings at Holleman Air Force Base, New Mexico.

5. Report of USAF Research Center, Cambridge, Mass., Investigation of "Green Fireball" Phenomena (Project TWINKLE).

6. Outline of Investigation of UFO's Proposed by Kirtland Air Force Base (Project POUNCE).

7. Motion Picture Films of sightings at Tremonton, Utah, 2 July 1952 and Great Falls, Montana, August 1950.

8. Summary Report of 89 selected cases of sightings of various categories (Formations, Blinking Lights, Hovering, etc.).

9. Draft of manual: "How to Make a FLYOBRPT", prepared at ATIC.

10. Chart Showing Plot of Geographic Location of Unexplained Sightings in the United States during 1952.

11. Chart Showing Balloon Launching Sites in the United States.

12. Charts Showing Selected Actual Balloon Flight Paths and Relation to Reported Sightings.

13. Charts Showing Frequency of Reports of Sightings 1948-1952.

14. Charts Showing Categories of Explanations of Sightings.

15. Kodachrome Transparencies of Polyethylene Film Balloons in Bright Sunlight Showing High Reflectivity.

16. Motion Picture of Seagulls in Bright Sunlight Showing High Reflectivity.

17. Intelligence Reports Relating to U.S.S.R. Interest in U.S. Sightings.

18. Samples of Official USAF Reporting Forms and Copies of Pertinent Air Force, Army, and Navy Orders Relating to Subject.

19. Sample Polyethylene "Pillow" Balloon (54 inches square.

20. "Variations in Radar Coverage", JANP 101 (Manuel illustrating unusual operating characteristics of service radar).

21. Miscellaneous Official Letters and Foreign Intelligence Reports Dealing with Subject.

22. Copies of Popular Published Works Dealing with Subject (articles and periodicals, newspaper clippings).

ii.

UFO 패널의 코멘트와 주장

개론

패널은 미확인 비행물체 사건 대다수의 데이터가 부족하다는 데 충격을 받았다. 구체적으로 논의된 목격담의 이력은 다음과 같다.

오하이오 벨파운튼Bellefontaine (1952년 8월 1일)

유타 트레몬톤Tremonton (1952년 7월 2일)

몬태나 그레이트폴스Great Falls (1950년 8월 15일)

몬태나 야크Yaak (1952년 7월 19일)

일본 하네다 공군기지Haneda A. F. B. (1952년 8월 5일)

미시건 포트휴런Port Huron (1952년 7월 29일)

메인 프레스카일Presque Isle (1952년 10월 10일)

위 사례를 검토·논의한(다른 15건도 비교적 자세히 훑어보았다) 패널에 따르면, 사건 대부분은 논리적인 해명이 가능하고 "추론과 과학적인 검증법을 동원한다면(데이터를 추가한다는 가정하에) 다른 사례도 이와 비슷하게 설명할 수 있을 것"이라고 한다. 그러나 일부 사건은 순식간에 벌어진 데다(이를테면, 2~3초) 목격자가 사건을 명확히 진술하지 못하기 때문에(의미가 분명하지 않았다) 신고된 사건을 일일이 해명할 수는 없을 거라고 패널은 지적했다. 아울러, 교육 프로그램이나 연수에 이로울 것이 없다면 목격담 중 대다수는 설명하려는 노력 자체가 대단한 에너지 낭비에 불과할 거라는 소견도 나왔다. (아래를 참조) "공중을 나는 기묘한 물체strange things in the sky"에 얽힌 기록이 수백 년 전에도 있었다는 점은 찰스 포트* 문서를 보면 잘 알 수 있다. 목격된 물체 중 대다수에 대해서는 통일된 해석이 없는 것이 분명한 듯싶다.

* 찰스 포트 (Charles Fort, 1677년 찰스 2세 때 세운 별 모양의 군사기지 ─ 옮긴이)

위험하진 않다

패널은 목격된 비행물체가 국가안보에 직격탄을 날릴 만한 증거는 없다는 데 만장일치로 동의했다. 속칭 "푸 파이터스(Foo Fighters, 불덩어리 모양의 비행접시)"의 예를 들어보자면, 이들은 2차 대전 당시 유럽과 동아시아 작전현장에서 전투기 조종사가 목격한 것으로 정체가 밝혀진 적은 없었다. "빛을 발산하는 구체balls of light"가 전투기 곁을 비행하다가 돌연 속도를 냈다는데 일설에 따르면, 구체는 정전기장(세인트 엘모의 불*과 유사한 현상)이거나 전자기현상, 혹은 빙정으로부터 허공에 반사된 빛일 가능성도 있으나 정확한 원인이나 정체가 규명된 적은 없다고 한다. "비행접시"가 1943~1945년에 유행했다면 앞서 언급한 물체에도 걸맞은 명칭이 붙었을 것이다.

* 세인트 엘모의 불(St. Elmo's fire, 지표의 돌출된 부분에서 대기 중으로 향하여 방출되는 다소 지속적인 방전현상 – 옮긴이)

공군의 보고시스템

공군이 UFO에 대해 우려하는(방공포병사령부Air Defense Command는 고속 레이더추적을 우려하지만) 이유는 대중의 압력이 작용했기 때문일지도 모른다는 것이 패널의 견해다. 결국 공군은 정보수집 채널을 설치하여 미확인 비행물체 신고를 접수키로 했다. UFO 신고 제도는 공상과학과 우주여행과 관련된 기사를 통해 널리 장려되었다. 그러자 결국에는 허위신고가 속출하면서, 언젠가는 출현할지 모를 적기와는 무관한 정보로 통신채널이 과부하에 걸리고 말았다. 대거 접수된 증언에 담긴 과학적 데이터는 가치가 거의, 혹은 아주 없었다는 것이 패널의 결론이다. 설령 과학적인 근거가 탄탄했다손 치더라도 당국이 "야행성 이동광원nocturnal meandering lights"에 대한 우려를 부추긴다면 사태가 더 악화될지도 모른다. 그렇게 된다면 UFO는 국가안보에 직격탄을 날린 셈이 된다. 사건의 추이를 지켜보고 있는 주체가 군 당국이니 그렇다. 따라서 UFO 신드롬을 둘러싼 열기는 식혀야 마땅한 것이다. 이를 위한 교육 프로그램은 다음에 차차 밝혀둘까 한다.

패널 전문가 중 1인에 따르면, "비행접시" 사건은 2차 대전 당시, 독일산 V-1, V-2 유도미사일이 작전에 투입되기 전에 이를 탐지·조사하는 것과는 차원이 다르다고 한다. 예컨대, 1943년부터 이듬해까지 당국은 크로스보우CROSSBOW 첩보활동을 통해 1944년 6월경, 스웨덴에서 추락한 항공기를 조사하는 중 "물증hardware"을 수거함으로써 유도미사일의 존재를 밝혀냈다. 조사팀은 이 물증을 토대로 작전을 수행할 수 있었지만, 설명이 어려운 UFO 목격담에는 "물증"이 없는 탓에 "뜬구름만 잡는" 형국이 되고 말았다. 물론 지금까지 조사한 결과를 보면 적군이 공작을 꾀한다거나 위험을 초래하리라는 증거는 분명 없었다. 기존 전투기나 유도미사일의 공격을 감지해내야 한다면 현 보고시스템이 별 쓸모는 없을 것 같다. "물증"이 거의 즉시 나타나게 될 테니까.

언제가 될지는 모르지만, 지능을 갖춘 외계인이 지구를 찾아 오리라는 상상에 난색을 표하는 패널 위원은 (의외이긴 하지만) 하나도 없었다. 그렇다고 해서 목격된 비행물체가 외계인과 관계가 있다는 증거도 찾은 적은 없다. 패널 위원 중 1인은 발표를 진행하면서 UFO에 대해 지금까지 알려진, 그럴듯한 원인을 하나씩 소거해나가다 보면 "외계인" 말고는 딱히 원인이 될 만한 것이 없다고 역설했다. 그가 항공 엔지니어 겸 기술정보관리인지라 그저 흘려듣고 말 소견은 아니었지만, 패널은 그의 주장에 공감할 수 없었다. 보고서의 내용이 생경한 데다 검증도 되지 않았기 때문이다. 사건 중 일부는 지상에서 벌어지는 현상으로 해명이 가능한 반면, UFO가 순식간에 사라진 경우를 두고는 착시현상일지 모른다는 주장이 더러 있었다. 다른 위원들은 외계에서 온 물체가 설령 존재한다손 치더라도 그것이 경계의 대상이 되진 않을 거라고 강조했다. 20~30년 전에 발견된 '우주선(cosmic ray, 금세기 초, 지구 밖에서 입사되며 투과력이 매우 강한 복사선을 일컫는다 – 옮긴이)'과 같이 그 또한 연구대상이 될 테니 말이다. 이에 공감할 수 없다는 위원도 있다. 외계 비행물체가 있다면 미국뿐 아니라 전 세계가 우려할 것이기 때문이다. (세인을 하나로 엮어줄 공공의 위협과는 차원이 다르다!) 그러나 태양계에 대한 천문학 지식을 적용해보면 지구가 아닌 다른 곳에 지적인 존재가 살 가능성은 극히 희박한 데다, 조종이 가능한 수단이 있다손 쳐도 외계인이 지구상의 어느 한 대륙에 관심을 집중한다는 것은 가당찮은 억측일 뿐이다.

유타 트레몬톤에서 목격된 UFO

코다크롬(Kodachrome, 이스트먼 코닥사가 만든 35mm 컬러리버설 필름 – 옮긴이) 동영상 증거를 확보했기 때문에 중요한 사건으로 꼽힌다(약 1600 프레임). 패널은 동영상과 사건사례 및 항공기술정보센터ATIC의 분석결과를 조사하고, 영상을 분석한 미 해군 사진분석연구소USN P. I. L. 대표단의 브리핑 자료를 입수했다. 패널은 전문가와 준전문가를 동원하여 각 프레임에 나타난 그래프 플롯(비행물체의 뚜렷한 상대운동과, 광도의 차이를 보여준다)을 마련했다. 한 사람이 약 1000시간을 들여야 해낼 수 있는 프로젝트였다. 목격된 비행체는 새도 풍선도, 항공기도 아니었고 빛을 반사하지도 않았다는 것이 사진분석연구팀의 소견이었다. "60도의 각을 그리며 이동할 때 빛이 깜빡이지 않았기 때문에" "자체발광self-luminous"이라는 점도 지적했다. 연구팀은 물체의 이동경로와 광도의 변화가 일목요연하게 정리했다. 패널은 P. I. L. 팀의 열정과 노고에 탄복했지만 결론에 동감하진 않았다. 이유를 몇 가지 꼽자면 다음과 같다.

a. 반구형 물체는 60도의 각을 그리며 이동할 때 "깜빡거리지" 않고
   도 햇빛이 반사될 수 있다.

b. 밝은 일광에 노출된 새나 폴리에틸렌 풍선의 "알베도(albedo, 빛을 반
   사하는 정도를 수치로 나타낸 것으로 반사율이라고도 한다 – 옮긴이)"를 측정한 데
   이터는 없지만, 육안으로 본 이동경로와 크기 및 물체의 밝기를 감
   안해볼 때 조류일 가능성이 높다. 패널은 일광에 노출된 갈매기의
   반사율이 높다는 점을 영상을 통해 확인한 뒤 이같이 밝혔다.

c. P. I. L.이 물체를 "원형에, 푸르스름한 흰색"으로 묘사한 것은 볼
   록한 면으로부터 햇빛이 정반사되었기 때문일 수도 있다. 볼록한
   면에 빛이 반사되면 물체의 다른 부분은 눈에 잘 들어오지 않는다.

d. 그레이트폴스에 출현한 물체는 항공기일 가능성이 있으며, 밝은 빛
   은 반사된 것으로 추정된다.

e. 트레몬톤에서 목격된 비행체와 그레이트폴스에 출현한 물체 사이에
   연결고리가 있다고 봄직한 타당한 이유는 없다. 지침을 오해하면
   그런 불상사가 생길수도 있다. 그레이트폴스에 나타난 비행물체는
   현지에 머물러 있던 것으로 알려진 항공기에 빛이 반사되었을 것으
   로 추정된다.

f. 트레몬톤 비행물체는 광도의 변화가 너무 컸기 때문에, 패널은 P.

I. L.의 가설(짧은 궤도를 초고속으로 이동하는 물체라는 가설)에 수긍하지 않았다.

g. UFO 신고와 해명에 익숙한 사람들은 조사단을 위한 지도방침이 없다.

h. 원본 필름이 아닌 복사본에 나타난 물체의 광도를 분석한 것이다. 원본은 배경이 훨씬 밝기 때문에(물체의 상대적 광도에도 영향을 준다) 물체의 밝기도 현저히 떨어져 보인다.

i. 장비가 적합하지 않은 데다, 평균값을 산출해낸 가정이 미심쩍은 탓에 광도 데이터를 측정하는 데 오류가 있는 것 같다.

j. 렌즈와 카메라가 동일할 때, 광도에 따라 코다크롬 영상의 감도가 어떻게 달라지는가에 대해서는 이렇다 할 데이터가 없다.

k. 잦은 손"떨림"(트레몬톤 영상 전반부에 보임)이 영상 말미의 "단일 이동경로"에서도 제거되지 않았다.

패널은 일기가 비슷한 곳에서 날린 폴리에틸렌 "베게" 풍선을 촬영하고, 유능한 조류학자를 초빙하여 새의 비행패턴과 반사광의 특성을 확인하고, 물체에 작용하는 관성을 계산해보면 이 사건에서 수집한 데이터로도 실체를 파악할 수 있다고 확신했다. 이러한 시금석의 결과는 교육(연수) 프로그램의 타당성을 가늠하는 척도가 될 수도 있다. 그러나 패널은 매년 각종 채널을 통해 접수되는 (1952년에만 1,900건) UFO의 실체를 일일이 해명할 요량으로 기술인력에 막대한 경비를 투입하는 것은 타당하지 않다고 주장했다. UFO를 목격했다는 신고는 꾸준히 접수되겠지만 데이터가 부족하기 때문에 어느 한 건에 인력이 쏠리는 데다, 하루 이틀 만에 정체를 파악할 수도 없을 것이 분명하다. 실체를 해명하는 데 시간이 지연된다면 정보의 가치는 무색해지게 마련이다. 따라서 교육(연수) 프로그램은 아무리 데이터가 부족해도 접수된 사건에 대해서는 명쾌히 밝혀내야 한다는, 국민의 편견을 불식시키는 것을 주된 목적으로 삼아야 할 것이다. 전대미문의 현상이 설득력을 얻으려면 반드시 기록을 남겨야 한다는, 과학도의 주문을 명심해야 한다. 즉, 물증을 확보해야 하는 부담은 조사위원이 아니라 목격한 사람에게 있다는 것이다.

혹시 모를 위기

패널 위원단에 따르면, UFO 목격담이 직접적인 피해를 초래한다는 증거는 매우 희박하지만 아래와 같은 불상사가 벌어질 가능성을 배제할 수는 없다고 한다.

a. 방위군이 적의 실체를 오인

b. 긴급 채널이 '허위' 신고로 과부하("노이즈 대비 신호비noise to signal ratio")

c. 군중 히스테리 및 적군의 심리전에 취약

a와 b는 방공첩보시스템에 타격을 줄 수 있으므로, 방공사령부 Aerospace Defense Command의 지휘아래 전문가가 검토해야 한다. "비행접시" 신드롬의 여파로 UFO에 대한 불신이 확산되거나, 허술한 증거 혹은 허위신고로 채널이 과부하에 걸린다면 적군의 활동을 감지해낼 능력은 떨어지게 마련이다. 당국은 사건의 발생지 근방에서 접수된 목격담을 감시하고 걸러낼 수 있는 역량을 키워야 할 터인데, 이를 위해서는 교육 프로그램 활성화가 최선일 것이다.

미확인 비행물체가 발견된 위치

패널은 ATIC가 제출한 지도를 검토했다. 지도에는 공식적으로 보고된 미확인 비행물체가 출몰했다는 위치가 표시되어 있었다(1952년). 지도를 보니 로스앨러모스(Los Alamos, 미국 뉴멕시코 북부소재 도시이자 원자력 연구의 중심지—옮긴이) 같은 군사전략지역에서 목격 빈도가 상당히 높은 것으로 나타났다. 추정건대, 근방에서 경계근무와 보안대책이 24시간 가동되고 있었기 때문일지도 모른다. 그러나 또 다른 유관시설

(역시 민감하다) 근방에서는 UFO가 목격된 사실이 없었고, 되레 비전략지역에서 이따금씩 다수의 건이 신고된 적이 있다. 인구가 밀집된 지역이라는 점과는 무관한 듯 보인다. 패널은 UFO 목격 빈도가 높은 지역을 두고는 이렇다 할 실마리를 찾지 못했다. 그러나 패널은 지상에서 제작된 비행물체가 출몰한다면 미국 중심보다는 해외에서 먼저 목격되었을 공산이 클 거라고 강조했다.

데이터 확보 수단

저렴한 35밀리미터 스테레오 카메라(비데온 카메라Videon Camera) 100대를 공항관제사의 손에 쥐여 주겠다는, ATIC의 현행 프로그램이 UFO와 관련된 '주요' 데이터를 입수하는 데 보탬이 되진 못할 거라고 패널은 단정했다. 하지만 이 같은 조치는 교육 프로그램이 본격적으로 가동되기 전까지, UFO를 둘러싼 우려를 잠재우는 데는 한몫할 수 있을 것으로 보인다. 1952년 7월, 당국이 여론의 압박에 못 이겨 카메라를 어렵사리 조달했다는 설도 있다. 24시간 감시활동의 일환으로 1년간 실시된 '트윈클 프로그램TWINKLE program'이 부진한 결과를 내놓자, 전국에 확산된 대공감시 프로그램 또한 쓸모 있는 데이터를 직접 확보할 수 있을 거라고 기대하기는 어려워졌다.

아마추어 천문학자나 광각카메라의 "천공정찰sky patrol"을 두고도 많은 이야기가 오갔다. 혹자에 따르면, 현재(뿐 아니라 수년 전부터 계속) 하늘의 수많은 구획은 (아래 열거된) 여러 지점에서 유성과 오로라를 관측하고, '별자리도를 그리는sky-mapping' 프로그램의 감시대상이기 때문에, 맑은 밤에는 어김없이 관측기기가 가동되고 있다는 것이다. 천문학자가 대개 '미확인 물체'보다는 '확인된 물체'에 관심을 두어 그런지는 몰라도, 충격적인 미확인 물체와 관련된 사례를 아는 패널 위원은 전혀 없었다. UFO가 관측기기에 포착되었다면 분명 보고되었을 것이다.

관련 사례가 하나 있다. 어느 지점에서 목격된 미확인 물체를 촬영하기 위해 기탄없이 위치를 공개한 천문학자가 있다고 한다. 그에 따르면, 기존에 계획된 천문학 프로그램에 관측 프로그램을 추가할 수 있다면 비용이 거의 들지 않을 뿐 아니라, 정규교육을 이수한 전문 인력도 미확인 물체를 촬영할 수 있을 거라고 한다.

패널은 정부가 지원하는 국내 정찰 프로그램이 현재로서는 별로 가치가 없는 데다, 아마추어 천문학도에게 정찰 프로그램을 장려하면 국민의 머릿속에 "비행접시"를 지나치게 각인시키는 부작용을 초래할 수 있다는 데 동감했다. 반면, 레이더스코프 카메라(radar-scope camera, 전파영상 카메라)를 설치하여 특정 전파를 기록할 수 있다면 레이더 간섭이나 UFO의 정체를 파악하는 데 보탬이 될 것이다.

레이더 상호간섭 문제

A 관제탑에서 송출된 (주파수가 거의 동일한) 신호가 B 관제탑 스크린에 고속으로 진행하는 트랙이나 일련의 점으로 포착된 탓에 UFO 목격 건수가 증가했을지도 모른다. 이 같은 레이더 문제는 수신된 정보를 보면 현저히 눈에 띈다. 방공사령부ADC는 고속전투기나 유도미사일(1955~1956)을 작전에 투입하기 전, 신호규명을 둘러싼 문제를 해결하는 데 고심하고 있다. 한 패널 위원은 수신회로에 적용하는 '도플러 필터doppler filter'를 해결책으로 제시했고, 어떤 위원은 '초고속 트랙(대략 1,000~10,000mph)'을 수신하는 오퍼레이터의 '지터 보정controlled jitter'기술을 더 나은 해법으로 꼽았다. 이때 오퍼레이터는 관제탑 펄스 주파수율pulse frequency rate을 미조정하는 회로를 가동시킬 것이다. 스크린에 수신된 신호가 타 관제탑과의 상호간섭으로 나타난 것이라면 트랙은 스크린 중앙에서 거리가 다른 곳에 나타날 수 있다. 일반적으로는 보정기술이 '도플러 필터'보다 더 단순하고 비용도 낮다고 한다.

해명할 수 없는 우주선Cosmic Ray 현상

두 가지 사례가 접수되어 패널이 이를 검토했다. 1949년 10월, 캘리포니아 팔로마 산Palomar Mountain에서 우주선 카운터의 눈금이

"몇 초간 한계선을 벗어났는데" 이때 비행접시 "이착륙기"가 육안으로 목격된 듯 보인다. 그리고 두 번째는 1950년 8월에서 이듬해 1월 사이에 벌어진 사건으로 '로스앨러모스 조류보호협회Los Alamos Bird Watchers Association'가 UFO를 몇 차례에 걸쳐 목격했고, 동시에 우주선 계측기도 기묘한 반응을 나타냈다고 한다. 우연치고는 너무도 절묘했다. 두 번째 사례는 회로도와 기록이 남아있으며, 기록된 데이터는 기계적 영향 때문에 발생한 것이 분명하며, 좀더 숙련된 전문가라면 이를 눈치챘을 거라고 한 패널 위원은 지적했다.

결국 패널은 두 사례에 나타난 UFO가 방사능의 영향과 관계가 있다는 주장을 일축했다.

교육 프로그램

패널은 모든 관계당국의 노력을 통합한 교육 프로그램을 구상함으로써 교육과 '정체확인debunking'이라는 두 가지 목적을 달성하려 했다.

이를테면, 유난히 밝은 빛을 내뿜는 물체(풍선이나 항공기의 반사광)나 자연현상(유성, 화구, 신기루 및 야광운)을 정확히 파악하게 되리라는 점이 교육 프로그램의 기대치였다는 것이다. 그러면 육안 관측이나 레이더 감지 모두 정확도가 개선될 것이다. 프로그램은 사병에서 사령부 및 수색대원에 이르기까지 대상에 따라 수준이 구분되어 있으며, 서로의 주안점과 설명 수준은 직무 카테고리로 결정될 터였다 (예를 들자면, 레이더 기사, 조종사, 관제사, 방공감시단원, 다른 카테고리에 해당되는 장교 및 사병 등에 따라 달라진다는 것). 교육 프로그램을 통해 혼동과 착오로 신고된 건수는 눈에 띄게 줄어들 전망이다.

또한 '정체확인' 활동을 통해 '비행접시'를 둘러싼 여론은 열기가 식을 것으로 추정된다. '비행접시'는 당시 군중심리를 강력히 자극해왔는데, 이를 두고는 텔레비전과 영화 및 인기 기사 등의 매스미디어가 교육을 담당하면 된다. 처음에는 충격을 주었지만 나중에는 원리가 해명된 실제사례가 교육의 토대를 이룰 것이다. 예컨대, '비밀'이 알려지면 열기가 크게 식는 마술처럼 말이다. 따라서 교육 프로그램은 국민이 잘 '낚이지 않도록' 바른 판단력을 배양시켜 적국의 교묘한 선전에 현혹되지 않도록 그들을 일깨워주어야 할 것이다.

패널 위원들은 이 같은 교육 프로그램 계획과 관련하여 여러 가지 소견을 나누었다. 특히 프로그램의 성격과 범위에 대해서는 군중심리에 밝은 심리학자가 자문위 역할을 담당해야 한다는 데 동감했다. 매스커뮤니케이션의 '달인(이를테면 광고전문가)'도 큰 보탬이 될 것이다. 전쟁 때는 항공기를 식별하는 데 활용된 교육 테크닉이 유사한 교육과업으로 인용되었다. 아울러 국내 아마추어 천문학자 또한 '교육을 전파할to spread the gospel' 열정적인 재목이 될 수 있으며, 실업인 클럽을 비롯하여 고등학교와 대학교 및 텔레비전 방송국도 다큐멘터리 영화가 재미있게 제작만 되면 이를 널리 상영하는 데 흔쾌히 협조해줄 거라고 패널은 믿었다. '미스터리'한 실제사례를 먼저 보여주고 나서 '해명'해주면 강력한 효과를 발휘하게 마련이다.

교육 프로그램을 계획·실행하는 것이 하찮은 일은 아니라고 패널은 주장한다. ATIC에서 결성한 조사팀은 과거뿐 아니라 요즘 사례를 두고도 긴밀한 통합이 필요할 것이다. 이때 과거의 사례보다는 최근 것이 해명하기가 더 쉬울 듯싶다. 우선 ATIC의 경험과, 논리적인 설명이 가능한 지식이 더 발전했을 테니까. 패널은 이 같은 교육 프로그램을 지원하려면 ATIC의 활동이 더 확장되어야 한다고 생각했다. 물론 활동의 규모를 정확히 규정하기는 어려울 것이다.

앞서 개략적으로 밝힌 "연수 및 정체확인" 교육 프로그램은 ATIC의 지원에 힘입어 최소 1년 반에서 2년 정도는 소요될 거라고 패널은 밝혔다. 기간 막바지에 이르면, '비행접시'를 둘러싼 악재는 아주 제거되진 않더라도 크게 감소할 것으로 보인다. 또한 군당국 및 유관기관(연방민방위청Federal Civil Defense Administration 등)과의 협력도 필요하며, 주요 사건(유타 트레몬톤, UFO 목격 사례)을 조사할 때는 통제된 실험이 무엇보다 중요할 것이다. 일기가 비슷한 현장에서 거리를 달리한 채 촬영한 '배게풍선pillow balloons'이 좋은 예가 된다.

한 가지 덧붙이자면, 한두 명의 심리학자와 기자 및 하도급 업체가 연합하여 교육용 영상을 제작하는 것도 바람직하다. 일시적으로나마 확대된, ATIC의 프로젝트는 당국이 권고한 후 활동을 개시할 때 효과가 있을 거라고 패널은 생각했다. ATIC의 경험과 기록은 기획한 공영교육과 서비스 연구프로그램의 가치를 높일 것이다. 국민의 지식수준이 높아져 허위사실에 잘 속지 않고, 방공사령부ADC 같은 기관이 허위 목격담을 가려낼 수 있는 교육을 이수한다손 치더라도 과학적 정보로서 가치가 있는 잔여문제를 두고는 적당한 규모의 ATIC 부서가 담당해야 한다는 것이 패널 위원 중 최소 1인의 소견이다. 그렇다면 이 부서는 적군의 설비에 대한 증거가 될 만한 사건을 추적하는 데 주안점을 두어야 할 것이다. 적군의 움직임은 텍사스 러벅Lubbock 보다는 철의 장막the Iron Curtain 근방에 자리 잡은 서방 전초기지에서 더 자주 신고될 것으로 예상된다!

비공식 조사단

패널은 '민간 비행접시 조사단Civilian Flying Saucer Investigators(로스앤젤레스)'과 '공중현상연구단Aerial Phenomena Research Organization(위스콘신)'이 활동하고 있다는 사실을 파악하고 있었다. 행여 목격담이 확산되면 여론에 영향력을 행사할 수 있기 때문에 앞선 단체는 경계해야 할 대상 이라고 패널은 주장했다. 그들은 책임소재가 명확하지 않은 데다, 국 가전복을 목적으로 이용될 수 있다는 점도 염두에 두어야 할 것이다.

증가하는 UFO 목격 건수

UFO의 이력을 감안해볼 때, 목격 건수는 올 여름에도 증가할 거라고 패널은 입을 모았다.

미확인 비행물체에 관한 과학자문패널

입수된 증거

1. 1951~1952년까지 75건이 접수(ATIC가 서면으로 정리된 것을 선별)

2. ATIC 프로젝트 GRDUGE 및 프로젝트 블루북(ATIC 주제연구 암호명) 현황보고서

3. 스토크STORK 현황보고서(ATIC를 지원하는 협회도급공사)

4. 뉴멕시코 홀먼 공군기지, 목격담 요약 보고서

5. 매사추세츠 캠브리지소재, 미 공군 연구센터가 내놓은 보고서, "녹색화구Green Fireball"현상 조사(프로젝트 트윈클Project TWINKLE)

6. 커틀랜드 공군기지가 제안한 UFO 조사 개관(프로젝트 파운스Project POUNCE)

7. 1952년 7월 2일, 유타 트레몬톤 및 1950년 8월 몬태나 그레이트폴스 목격 영상

8. 다양한 카테고리(대형과 깜빡이는 빛, 맴돌기 등)의 목격 사례 89건 선별 요약 보고

9. 매뉴얼 초안: ATIC에서 마련한 "비행물체 리포트 작성법How to Make a FLYOBRPT"

10. 1952년 국내에서 미확인 물체가 목격된 지점을 보여주는 도표

11. 미국에서 열기구(풍선)를 띄운 지점을 보여주는 도표

12. 실제 열기구(풍선) 비행경로와 목격담의 관계를 보여주는 도표

13. 1948~1952년간 목격 건의 빈도를 보여주는 도표

14. UFO의 정체를 카테고리별로 구분해둔 도표

15. 밝은 햇빛에 노출될 때 높은 반사율을 보이는 폴리에틸렌 필름 풍선의 투명도

16. 밝은 햇빛에 노출될 때 높은 반사율을 보이는 갈매기 동영상

17. 미국에서 접수된 목격담에 대한 소련의 관심을 보여주는 첩보 보고서

18. UFO에 대하여 육·해·공군이 하달한 명령과, 미 공군의 공식 보고
　　양식 견본

19. 폴리에틸렌 '배게' 풍선(열기구)(약 2평방미터) 견본

20. "레이더 포착범위의 변수," JANP 101(서비스 레이더가 평소와는 다르게 작
　　용하는 특징을 서술해 놓은 매뉴얼)

21. UFO를 다룬 해외 첩보 보고서 및 기타 공식 서한

22. UFO를 다룬 인기 간행물(기사와 정기간행물, 발췌기사)

The X-Files
멀더 파일

WHERE
PUBLISHED   Athens

NO. OF PAGES   2

DATE
PUBLISHED   9 Jul 1952

LANGUAGE   Greek

SUPPLEMENT TO
REPORT NO.

THIS IS UNEVALUATED INFORMATION

SOURCE   I Kathimerini.

"FLYING SAUCERS" IN EAST GERMANY

Berlin, July -- Furnished with the sworn testimony of an eyewitness, Oscar Linke, a 48-year-old German and former mayor of Gleimershausen, West Berlin intelligence officers have begun investigating a most unusual "flying saucer" story. According to this story, an object "resembling a huge flying pan" and having a diameter of about 15 meters landed in a forest clearing in the Soviet Zone of Germany.

Linke recently escaped from the Soviet Zone along with his wife and six children.

Linke and his 11-year-old daughter, Gabriella, made the following sworn statement last week before a judge: "While I was returning to my home with Gabriella, a tire of my motorcycle blew out near the town of Hasselbach. While we were walking along toward Hasselbach, Gabriella pointed out something which lay at a distance of about 140 meters away from us. Since it was twilight, I though that she was pointing at a young deer.

"I left my motorcycle near a tree and walked toward the spot which Gabriella had pointed out. When, however, I reached a spot about 55 meters from the object, I realized that my first impression had been wrong. What I had seen were two men who were now about 40 meters away from me. They seemed to be dressed in some shiny metallic clothing. They were stooped over and were looking at something lying on the ground.

"I approached until I was only about 10 meters from them. I looked over a small fence and then I noticed a large object whose diameter I estimated to be between 13 and 15 meters. It looked like a huge frying pan.

"There were two rows of holes on its periphery, about 30 centimeters in circumference. The space between the two rows was about 0.45 meters. On the top of this metal object was a black conical tower about 3 meters high.

APPROVED FOR RELEASE
DATE ....6. ....

221609

- 1 -

ARCHIVAL RECORD
PLEASE RETURN TO
AGENCY ARCHIVES

CLASSIFICATION				DISTRIBUTION						
STATE	X	NAVY	X	NSRB						
ARMY	X	AIR	X	FBI						

"At that moment, my daughter, who had remained a short distance behind me, called me. The two men must have heard my daughter's voice because they immediately jumped on the conical tower and disappeared inside.

"I had previously noted that one of the men had a lamp on the front part of his body which lit up at regular intervals.

"Now, the side of the object on which the holes had been opened began to glitter. Its color seemed green but later turned to red. At the same time I began to hear a slight hum. While the brightness and hum increased, the conical tower began to slide down into the center of the object. The whole object then began to rise slowly from the ground and rotate like a top.

"It seemed to me as if it were supported by the cylindrical plant which had gone down from the top of the object, through the center, and had now appeared from its bottom on the ground.

"The object, surrounded by a ring of flames, was now a certain number of feet above the ground.

I then noted that the whole object had risen slowly from the ground. The cylinder on which it was supported had now disappeared within its center and had reappeared on the top of the object.

"The rate of climb had now become greater. At the same time my daughter and I heard a whistling sound similar to that heard when a bomb falls.

"The object rose to a horizontal position, turned toward a neighboring town, and then, gaining altitude, it disappeared over the heights and forests in the direction of Stockheim."

Many other persons who live in the same area as Linke later related that they saw an object which they thought to be a comet. A shepherd stated that he thought that he was looking at a comet moving away at a low altitude from the height on which Linke stood.

After submitting his testimony to the judge, Linke made the following statement: "I would have thought that both my daughter and I were dreaming if it were not for the following element involved: When the object had disappeared, I went to the place where it had been. I found a circular opening in the ground and it was quite evident that it was freshly dug. It was exactly the same shape as the conical tower. I was then convinced that I was not dreaming."

Linke continued, "I had never heard of the term 'flying saucer' before I escaped from the Soviet Zone into West Berlin. When I saw this object, I immediately thought that it was a new Soviet military machine.

"I confess that I was seized with fright because the Soviets do not want anyone to know about their work. Many persons have been restricted to their movements for many years in East Germany because they know too much."

- E N D -

기밀문서
중앙정보국

보고서 NO. OO-w-23682
해외 문서 혹은 라디오 방송으로부터 입수한 정보　CD NO.

국가: 독일　　　　　　　　　　　　　　　기록일시: 1952년

주제: 군사 – 과학

발행방식: 일간지　　　　　　　　　　　　배포: 1952년 8월 27일

발행처: 아테네　　　　　　　　　　　　　페이지 수: 2

발행일: 1952년 7월 9

언어: 그리스어　　　　　　　　　　　　　추가 보고서 NO.

본 보고서는 검증되지 않은 정보를 담고 있다
출처 카티메리니 일간지

동독에 출현한 '비행접시'

베를린, 7월 — 목격자 오스카 링케(Oscar Linke(46세 독일국적, 전직 글라이머스하우젠(Gleimershausen 시장)의 신고를 접수한 서베를린 정보국 관리는

매우 이례적인 '비행접시' 조사에 착수했다. 증언에 따르면, 직경이 15미터 정도 되는 "거대한 프라이팬을 닮은" 물체가 숲에 착륙했다고 한다. 독일 소련 점령지에 진입하게 된 경위가 그렇다는 것이다.

최근 링케는 아내 및 여섯 자녀와 함께 소련 점령지를 나왔다고 한다.

링케는 지난 주, 열한 살배기 딸 가브리엘라Gabriella와 함께 판사 앞에서 다음과 같이 증언했다. "가브리엘라와 귀가하는 중이었는데, 하셀바흐Hasselbach 타운 근방에서 오토바이 타이어에 바람이 빠지고 말았지요. 그래서 하는 수 없이 하셀바흐 방향으로 걷고 있는데 가브리엘이 무언가를 가리키더군요. 아마 140미터는 족히 떨어져있던 것 같습니다. 황혼이 질 무렵인지라 딸아이가 어린 사슴을 가리키는 줄만 알았지요.

"오토바이를 나무에 기대어두고 딸이 가리킨 지점에 갔습니다. 그곳까지 약 55미터를 앞두고 있었는데 의외의 사실 하나를 알게 되었지요. 좀더 가보니 40미터 전방에 서 있는 두 사내가 눈에 들어왔는데, 저들은 빛이 반사되는 금속성 옷을 걸치고는 땅에 있는 뭔가를 보려고 상체를 숙이고 있었습니다.

"그들과의 거리가 10미터 남짓 되는 곳까지 다가갔습니다. 작은 울타리 너머로 거대한 물체가 보였는데 직경이 13~15미터는 족히 돼 보였어요. 큼지막한 프라이팬이 따로 없었지요.

"주변에는 2열로 난 구멍이 뚫려있었고, 둘레는 30센티미터 정도 랄까요. 열과 열 사이의 공간은 0.45미터 정도였고, 금속성 물체 꼭대 기에는 검은색 원뿔형 탑이 장착되어 있었지요.

"뒤따라오던 딸이 저를 부르자, 두 남성이 돌연 원뿔탑에 뛰어올 라 기체 안으로 들어가더군요. 아마 딸아이의 목소리를 들어서 그런지 싶더라고요.

"둘 중 하나는 몸 앞쪽에 램프 같은 것이 있어 규칙적으로 깜빡 거렸다는 것도 생각이 나네요.

"마침 구멍이 뚫린 물체 측면에서 빛이 새어나오기 시작했죠. 색 상은 녹색 같았지만 나중에는 붉은색으로 바뀌더군요. 조그맣게나마 윙윙거리는 소리가 들려왔고, 밝기와 소음이 점차 커지자 원뿔탑이 중 심부 안으로 내려갔어요. 이때 기체는 서서히 떠오르다가 팽이처럼 회 전하기 시작했지요.

"아까 꼭대기에 있다가 중심부쪽으로 들어간 원뿔형 탑이 기체를 지지하고 있었다는 생각이 들었어요. 그 탑이 동체 바닥에 있었거든요.

"당시 화염이 이글거리는 고리로 에워싸인 비행체는 지상에서 몇 미터는 뜬 상태였습니다.

"기체가 천천히 수직 이륙하자, 이를 지지했던 탑이 중심부 안으로 들어갔다가 꼭대기 위로 다시 올라오더군요.

"상승속도가 점차 증가할 때는 폭탄이 투하될 때 들릴법한 굉음을 들었지요.

"기체는 이륙하다 수평을 유지하며 인근 타운쪽으로 방향을 틀었고, 고도를 점차 높이고는 언덕과 숲 너머로 사라지고 말았습니다. 스톡하임Stockheim 쪽인 것으로 기억합니다."

나중에 알고 보니, 링케와 같은 지역에 사는 주민들은 혜성을 본 줄만 알고 있었다. 어느 양치기는 링케가 있던 언덕에서 낮은 고도로 비행하는 혜성을 봤다고 했다.

링케는 판사에게 증언한 뒤 다음과 같이 덧붙였다. "확실한 물증이 없었다면 딸아이와 저는 꿈을 꾼 것이라고 치부했을 겁니다. 비행체가 시야에서 사라지고 나서 그것이 있던 장소를 가 보았지요. 땅에 둥근 흔적이 남아있었는데 방금 생긴 것이 분명했습니다. 원뿔탑과 모양도 정확히 맞아떨어졌고요. 그제야 꿈이 아니었다는 확신이 들었지요."

"소련 점령지에서 서베를린에 오기 전에는 '비행접시'라는 것은 듣도 보도 못했는데, 제가 그걸 보니 문득 신형 소련 군용기였다는 생각이 들더군요.

"소련은 저들의 소행을 아무에게도 공개하지 않으려 했기 때문에 순간 겁이 났지요. 수많은 사람들이 몇 년씩이나 동독을 벗어나지 못한 까닭은 아는 것이 너무 많았기 때문입니다." 링케가 말을 이었다.

끝

(22)

release

Minutes
of
Branch Chief's Meeting of
11 August 1952

(b)(3)   The meeting was at 0835 in [Mr. Steele's] office with a quorum consisting
of [Mr. Sullivan, Chairman, Mr. Ahern, Mr. Barnard, Mr. Engle, Dr. Fairchild,
Dr. Fondiller, Mr. Gordon, Dr. Harkin and Mr. Rajala.]

[Mr. Sullivan] opened the meeting by saying that a project is to be
started in the P&E Division on "Flying Saucers." It was suggested by
[Dr. Ojarenko] that this project be set up to maintain the file to establish
outside contacts on such matters and to build up the up-to-date knowledge
of the available parts to permit the Division and office to take a stand
and to formulate an opinion as might be required.

ATIC has the job of finding out about these "flying saucers and keeping
records. CIA is responsible for getting information for CIA. All members
of the P&E Division are to look into this project and see what they can
contribute to this problem. Each Branch was appointed a representative:

(b)(3)   [Mr. Elby] for Physics, and [Mr. Barnard] for Electronics and Communications.   b-3

[Mr. Ray Gordon] is Project Officer for the P&E Division. He is to
find out who is handling the project in ORR and get a past history of
what has been found out in the field of meteorology, radar and the other
sciences. He should secure reports from ATIC and bring us up-to-date on
what has been done.

[Mr. Steele] wanted to know if P&E should be in the position to answer
requests coming to us. Since ATIC has a standard form for reference
(b)(3)   purposes, requests would be answered through contact with them. Air Force
has local agents to look into any questions coming to them. ATIC has a
record, it was believed, to cover the whole world.

It was stated that [Mr. S. Possony,] who may be a special officer in

22

A-2, may be able to contribute something to this problem. Mr. Sullivan (b)(3)

gave a summary of the 5 years that Mr. Strong spent *~~~~~~~~~~~*

There was no specific problem to be discussed. The meeting was

adjourned.

XXXXXXXXXXX

Distribution:

where so many "flying saucers" have been reported of late. Although Mr. Strong knew many people there and traveled the area extensively, no unusual phenomena were ever mentioned or seen.

본부장 회의록

1952년 8월 11일

    회의는 스틸의 사무실에서 08시 35분에 개시되었고, 의장 설리번을 비롯하여 어헌과 버나드, 엥글, 페어차일드 박사, 폰딜러 박사, 고든, 하킨 박사 및 라잘라가 참석했다.

    설리번은 프로젝트가 "비행접시" 작전계획 및 전략평가부P&E Division에서 실시될 예정이라며 운을 뗐다. 오다렌코 박사의 주장에 따르면, 프로젝트가 창설된 취지는 UFO 문제에 대해 외부와 접촉할 수 있도록 해당(모종의) 파일을 확보할 뿐 아니라, 본부와 유관기관이 사건의 근황을 파악하여 분명한 입장을 취하고, 필요시 저 나름의 소견을 제시하는 데 있다고 한다.

ATIC의 임무는 "비행접시"를 추적하여 기록을 보전하는 것이며, CIA를 대신하여 정보를 입수하는 것이다. 작전계획 및 전략평가부는 본 프로젝트를 조사하여 사건해명에 기여할 바를 염두에 두어야 할 것이다. 각 분야의 대표자는 다음과 같이 내정되었다.

물리학 분야에는 엘비가, 전자·통신 분야에는 버나드가 선정되었다.

레이 고든은 작전계획 및 전략평가부소속 프로젝트관리자로서, 누가 프로젝트를 관리하는지 확인하고, 기상과 레이더 및 기타 과학 분야에서 알게 된 정보의 이력을 파악해야 한다. 아울러 ATIC 보고서를 입수하여 근황을 보고하는 것도 그의 임무였다.

스틸은 본부에 접수된 민원도 '작전계획 및 전략평가부'가 해명해야 하는지 알고 싶었다. ATIC는 이를 위한 기준이 마련되어 있어 민원을 해명할 수 있었다. 한편, 공군은 접수된 민원을 조사하는 요원을 현지에 파견했는데, 일설에 따르면, ATIC가 입수한 기록은 지구촌을 아우른다고 한다.

A-2소속 특수요원으로 보이는 S. 포소니라면 이 문제에 어느 정도는 기여할 수 있을 것이다. 설리번은 스트롱이 보낸 5년을 요약해서 기록해두었다.

더는 논의할 문제가 없어 회의는 일단락되었다.

CLASS CATION

CENTRAL INTELLIGENCE AGENCY

INFORMATION FROM
FOREIGN DOCUMENTS OR RADIO BROADCASTS

REPORT NO. OO-W-23759

CD NO. --

COUNTRY	Spain; Tunisia; French Morocco
SUBJECT	Military - Unconventional aircraft
HOW PUBLISHED	Daily newspapers
WHERE PUBLISHED	Tangier; Algiers
DATE PUBLISHED	22 May - 16 Jun 1952
LANGUAGE	Spanish; French

DATE OF INFORMATION   1952

DATE DIST. 27 Aug 1952

NO. OF PAGES   2

SUPPLEMENT TO
REPORT NO.

THIS IS UNEVALUATED INFORMATION

SOURCE   Newspapers as indicated.

FLYING SAUCERS IN SPAIN AND NORTH AFRICA

SMOKE-TRAILING OBJECT OVER BARCELONA -- Tangier, Espana, 22 May 52

Barcelona, 21 May -- As I crossed Jose Antonio Avenue on my way to the newspaper office, I saw a strange object flying at high speed from the direction of Prat Airport, about 2,000 meters above ground, and leaving a wide smoke trail. It did not look like an aircraft (neither Prat nor Sabadell airport admitted any knowledge of the object), and unlike the so-called flying saucers, it was proceeding in a straight line, without emitting flashes of light or revolving on an axis. The object seemed to me to be rocket-shaped, and the smoke came out of two points close together, merging into a single streak.

My colleagues at the office saw the smoke but not the object. Over Badalona, about 10 kilometers away, the object stopped trailing smoke, disappeared for a few seconds, and reappeared, again emitting smoke, several kilometers farther away. The newspaper office was soon flooded with telephone calls from people who had seen the object. A friend of ours took the picture of the smoke trail. -- Valentin Garcia

[The picture shows a diagonal stripe of diminishing width and lighter in shade than the sky over the dark bulk of a building cornice. It is attributed to Francisco Andreu. The caption says that the picture was taken "on 17 May," although the report is dated 21 May.]

UNUSUAL OBJECT OVER TUNISIA -- Algiers, Echo d'Alger, 4 Jun 52

On 3 June, at about 2000 hours, many inhabitants of Sousse saw a flying object traveling at dizzy speed from west to east and emitting a pale green light.

ARCHIVAL RECORD
PLEASE RETURN TO
AGENCY ARCHIVES,

APPROVED FOR RELEASE
DATE

- 1 -

SIFICATION

STATE	X	NAVY		DISTRIBUTION					
ARMY	X	AIR							

FLYING SAUCER OVER MEKNES, MOROCCO -- Algiers, Echo d'Alger, 11 Jun 52

Two witnesses reported a flying saucer appearing above Meknes at 1300 hours on 7 June 1952. One of them said that he saw a bright spot in the sky moving at lightning speed. He was able to compare its speed with that of some T-33 planes flying near the Meknes base, for they seemed very slow by comparison. The unknown apparatus emitted a white trail of smoke and made no sound. It drew near, described a parabola in the sky, stopped, and then disappeared toward Ifrane in the south.

FLAMING DISC ABOVE TAOURIRT, MOROCCO -- Algiers, Echo d'Alger, 16 Jun 52

On the morning of 15 June 1952, a strange phenomenon appeared above Taourirt, French Morocco. For 30 seconds, dock workers saw a disc of white flames surrounded by two circular strands, with smoke trailing behind it. The fiery object, which seemed to move earthward, vanished rapidly.

SAUCER OVER CASABLANCA -- Algiers, Journal d'Alger, 16 Jun 52

After Meknes and Marrakech, Casablanca had its flying saucer on 15 June 1952. It was observed by Andre Assorin, a former pilot. The Meteorological Bureau claims that is has not seen this unusual apparition above Casablanca.

- E N D -

기밀문서
중앙정보국

보고서 NO. 00-w-23759
해외 문서 혹은 라디오 방송으로부터 입수한 정보   CD NO.

국가: 스페인, 튀니지, 프랑스령 모로코   기록일시: 1952년

주제: 군사 – 특수항공기

발행방식: 일간지   배포: 1952년 8월 27일

발행처: 탕헤르, 알제   페이지 수: 2

발행일: 1952년 5월 22일 ~ 6월 16일

언어: 스페인어, 프랑스어   추가 보고서 NO.

본 보고서는 검증되지 않은 정보를 담고 있다

출처: 상기 일간지

스페인과 북아프리카에 출현한 비행접시

바르셀로나 상공에서 연기를 나부끼며 비행하는 물체

—— 탕헤르, 에스파냐, 52년 5월 22일

바르셀로나, 5월 21일 — 신문사 사무실로 가는 길에 호세 안토니오가Jose Antonio Avenue를 건널 때 프라트 공항 쪽으로 고속 비행하는 물체를 목격했다. 지상 2,000미터 높이에서 비행체는 두툼한 연기를 내뿜었다. 하지만 항공기는 아닌 듯 보였다(프라트 및 사카델 공항측도 물체에 대해 아는 바가 없었다). 또한 흔히 이야기하는 비행접시와는 달리, 직선으로 이동했으며, 빛을 방출하거나 축을 중심으로 회전하지도 않았다. 내가 보기로는 로켓 같았고 연기는 가까운 두 지점에서 만나 기다란 줄기를 이루었다.

사무실 직원은 연기는 봤지만 비행물체는 못 보았다고 했다. 비행체는 10킬로미터 정도 떨어진 바달로나Badalona 상공에 이르자 더는 연기를 내뿜지 않고 있다가 순식간에 자취를 감추었다. 그러고는 돌연 나타나 다시금 연기를 내뿜으며 몇 킬로미터를 더 이동했다. 얼마 후, 괴비행체를 목격했다는 제보로 신문사 전화가 폭주했다. 필자의 지인은 자취를 남긴 연기를 촬영했다.

— 발렌틴 가르시아Valentin Garcia

사진을 보면 폭이 좁아지고, 어두운 빌딩 코니스(cornice, 건축에서 벽 앞면을 보호하거나 처마를 장식하고 끝손질을 하기 위해 벽면 꼭대기에 장식된 돌출 부분－옮긴이) 위쪽 하늘보다 더 밝은 사선이 눈에 띈다. 프랜시스코 앤드류Francisco Andreu가 촬영한 것인데, 보도날짜는 5월 21일이지만 캡션에는 '5월 17일'로 되어있다.

공개 승인 일시 _____

튀니지 상공에 나타난 괴비행체

— 알제, 에코 달제Echo d'Alger, 52년 6월 4일

6월 3일 오후 8시경, 수스(Sousse, 튀니지 북동부 항구도시) 주민 상당수가 비행물체를 목격했다. 증언에 따르면, 비행체는 서에서 동으로 옅은 녹색 빛을 방출하며 엄청난 속도로 이동했다고 한다.

모로코 메크네스 상공에 뜬 비행접시

— 알제, 에코 달제Echo d'Alger, 52년 6월 11일

1952년 6월 7일 오후 1시경, 두 명이 메크네스 상공에 뜬 비행접시를 목격했다. 한 사람은 밝은 점이 번개처럼 빠른 속도로 이동하는 것을 보았다고 했다. 메크네스 기지 근방을 비행하던 T-33 훈련기와 속도를 비교해보니 훈련기는 거북이 속도에 지나지 않았다. 미확인 비행체는 소리 없이 흰 연기를 뿜어냈고 목격자 쪽으로 방향을 틀 때는 포물선을 그리다가 멈추었다. 나중에는 이프란Ifrane 쪽으로 이동하며 자취를 감추었다고 한다.

모로코 타우리르트에 출현한 비행접시

— 알제, 에코 달제Echo d'Alger, 52년 6월 16일

1952년 6월 15일 오전, 프랑스령 모로코 타우리르트 상공에서 기묘한 현상이 나타났다. 흰 화염이 이글거리는 접시형 비행물체가 약 30초간 부두 인부들에게 목격된 것이다. 비행체는 두 개의 둥근 선이 둘러쌌고, 그 뒤로는 연기가 자취를 그리고 있었다. 불덩이를 연상시키는 물체는 지면으로 하강하는 듯했지만 순식간에 사라지고 말았다.

카사블랑카 상공의 비행접시

— 알제, 『저널 달제Journal d'Alger』, 52년 6월 16일자

1952년 6월 15일, 메크네스와 마라케시 다음으로, 카사블랑카에도 비행접시가 출현했다. 전직 파일럿 안드레 아소린Andre Assorin이 이를 목격했으나, 기상청은 카사블랑카 상공에서 이상한 물체가 목격된 적은 없다며 그의 주장을 일축했다.

끝

INFORMAL

Deputy Assistant Director/SI   1 August 1952

Acting Chief, Weapons & Equipment Division

"Flying Saucers"

    1. Pursuant to your request for overall evaluation of "flying saucers" and associated reports, the following is pertinent:

        a. Of 1000 to 2000 such reports received by ATIC, a large percentage are clearly "phoney". An equally large percentage can be satisfactorily explained as known flights of currently operational U.S. equipment (aircraft, weather balloons, etc.) and many others are undoubtedly of natural phenomena (meteorites, clouds, aberration of light caused by thermal inversion or reflections, etc.).

        b. Less than 100 reasonably credible reports remain "unexplainable" at this time; regarding these reports, there is no pattern of specific sizes, configurations, characteristics, performance, or location. The sources of these reports are generally no more or less credible than the sources of the other categories. It is probable that if complete information were available for presently "unexplainable" reports, they, too, could be evaluated into categories as indicated in "a" above.

    2. Notwithstanding the foregoing tentative facts, so long as a series of reports remains "unexplainable" (interplanetary aspects and alien origin not being thoroughly excluded from consideration) caution requires that intelligence continue coverage of the subject.

    3. It is recommended that CIA surveillance of subject matter, in coordination with proper authorities of primary operational concern at ATIC, be continued. It is strongly urged, however, that no indication of CIA interest or concern reach the press or public, in view of their probable alarmist tendencies to accept such interest as "confirmatory" of the soundness of "unpublished facts" in the hands of the U. S. Government.

    4. The undersigned has arranged with the Commanding Officer of the Air Technical Intelligence Center at Wright-Patterson Air Force Base, Ohio, for a thorough and comprehensive briefing related to this subject on 8 August 1952. Subsequent to obtaining full details, a detailed analysis will be prepared and forwarded.

                                        EDWARD TAUSS

JUL 29 1952

DD/I

AD/SI

DAD/SI

P. G. STRONG

F. C. DURANT

H. CHANNING

M. J. CARDER

J. B. QUIGLEY

b-3

비공식문서

과학정보국 부국장보

1952년 8월 1일

국장대리, 무기설비부
'접시형 비행물체'

1. 아래는 '접시형 비행물체'와 관련된 보고서를 종합적으로 검증하라는 요청에 따라 작성한 것이다.

    a. ATIC가 접수한 1000~2000건의 보고서 중 대다수는 명백한 "가짜phoney"로 밝혀졌다. 현재 가동 중인 국내산 장비(항공기나 기상관측용 기구 등)였거나 자연현상(유성, 구름, 기온역전이나 반사로 생기는 빛 행차(aberration of light, 관측자의 운동 때문에 빛이 오는 방향이 변화하여, 별의 위치가 근소하게 어긋나 보이는 현상을 말한다—옮긴이))로 판명된 경우도 그에 못지않게 많았다.

    b. 정말 "해명이 불가한" 경우는 100건이 채 되지 않았는데, 규모나 대형, 특성, 성능 혹은 위치를 두고 이렇다 할 패턴은 없었다. 출처에 대한 신빙성은 다른 카테고리의 것과 대동소이하므로 '해명이 불가한' 보고서라도 구체적인 정보를 확보하여 검증해보면 'a' 카테고리로 구분해야 할지도 모른다.

2. 앞서 밝힌 잠정적인 사실에도 "해명이 불가하다"면(행성과 행성 사이에

서 벌어지는 특성이나 외계 존재도 아주 배제하진 않고 있다) **정보국은 이를 계속** **취재해야 한다.**

3. UFO에 대한 CIA 감시활동은 ATIC에서 관련 작전을 실시하는 당국과 협력하여 계속 진행되어야 한다. 다만, CIA가 UFO에 관심을 두고 있다는 사실이 언론이나 대중에 누설되지 않도록 각별히 주의해야 한다. 미국 정부에 "공개하지 않은 사실"이 있으면 관심마저도 '확정된' 사실로 단정하려는 음모론자가 기승을 부리고 있기 때문이다.

4. 아래 서명한 관리는 1952년 8월 8일, 오하이오 라이트패터슨 공군기지의 항공기술정보센터the Air Technical Intelligence Center(ATIC) 사령관과 협력하여 관련 주제에 대해 종합적인 브리핑을 철저히 준비해왔다. 자료가 갖춰지고 나면 상세한 분석이 진행될 것이다.

에드워드 타우스

1952년 7월 29일

국장/정보국
부국장/과학정보국
부국장보/과학정보국
P. G. 스트롱
F. C. 듀란트
H. 채밍
M. J. 카더
J. B. 키글리

CLASSIFICATION

CENTRAL INTELLIGENCE AGENCY
INFORMATION FROM
FOREIGN DOCUMENTS OR RADIO BROADCASTS

REPORT NO. OO-W-23602

CD NO.   --

COUNTRY   Belgian Congo

SUBJECT   Military; Scientific - Air

HOW
PUBLISHED   Daily newspaper

WHERE
PUBLISHED   Vienna

DATE
PUBLISHED   29 Mar 1952

LANGUAGE   German

DATE OF
INFORMATION   1952

DATE DIST. *16* Aug 1952

NO. OF PAGES   2

SUPPLEMENT TO
REPORT NO.

THIS IS UNEVALUATED INFORMATION

SOURCE   Die Presse.

FLYING SAUCERS OVER BELGIAN CONGO URANIUM MINES

Fritz Sitte

Recently, two fiery disks were sighted over the uranium mines located in
the southern part of the Belgian Congo in the Elisabethville district, east of
the Luapula River which connects the Meru and Bangweolo lakes. The disks
glided in elegant curves and changed their position many times, so that from
below they sometimes appeared as plates, ovals, and simply lines. Suddenly,
both disks hovered in one spot and then took off in a unique zigzag flight to
the northeast. A penetrating hissing and buzzing sound was audible to the on-
lookers below. The whole performance lasted from 10 to 12 minutes.

Commander Pierre of the small Elisabethville airfield immediately set out
in pursuit with a fighter plane. On his first approach he came within about
120 meters of one of the disks. According to his estimates, the "saucer" had
a diameter of from 12 to 15 meters and was discus-shaped. The inner core re-
mained absolutely still, and a knob coming out from the center and several
small openings could plainly be seen. The outer rim was completely veiled in
fire and must have had an enormous speed of rotation. The color of the metal
was similar to that of aluminum.

The disks traveled in a precise and light manner, both vertically and
horizontally. Changes in elevation from 800 to 1,000 meters could be accomp-
lished in a few seconds; the disks often shot down to within 20 meters of the
tree tops. Pierre did not regard it possible that the disk could be manned,
since the irregular speed as well as the heat would make it impossible for a
person to stay inside the stable core. Pierre had to give up pursuit after 15
minutes since both disks, with a loud whistling sound which he heard despite
the noise of his own plane, disappeared in a straight line toward Lake Tangan-
yika. He estimated their speed at about 1,500 kilometers per hour.

Pierre is regarded as a dependable officer and a zealous flyer. He gave
a detailed report to his superiors which, strangely enough, in many respects
agreed with various results of research.

The sketch below shows the construction principle of the "flying saucers."
The captions are, in part, purely conjecture, based on reports by pilots who
pursued the disks; in part, they were learned from secret research institutions.
The central core contains the explosive (SP) and the installations for radar
steerage (R). It has catapult knobs (KZ) and antennae (AN) as well as counter-
pressure housing (GD). Around this core, a rim rotates which has jets (D) on
its upper and lower side, plus fuel chambers (DB). The roller bearing is shown
by the letter L. The launching occurs at a sharp angle in the manner of a
discus throw; the revolutions per minute of the rim probably amount to 22,000.
The jets on the bottom of the rim serve to propel the disk vertically upwards;
lateral steerage results from switching on and off various jet groups.

/Appended sketch follows:7

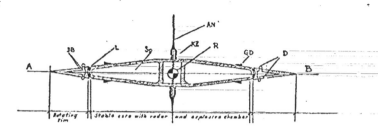

기밀문서
중앙정보국

보고서 NO. OO-w-23602

해외 문서 혹은 라디오 방송으로부터 입수한 정보 CD NO.

국가 벨기에령 콩고

주제 군사 - 항공과학

발행방식 일간지

발행처 비엔나

발행일 1952년 3월 29일

언어 독일어

기록일시 1952년

배포 1952년 8월 16일

페이지 수 2

추가 보고서 NO.

본 보고서는 검증되지 않은 정보를 담고 있다

출처 프레세Die Presse

벨기에령 콩고 우라늄 광산에 출몰한 비행접시

프리츠 시트

메루Meru호와 뱅귀울루Bangweolo호를 연결하는 루아풀라강the
Luapula River 동편, 엘리자베스빌 지구이자, 벨기에령 콩고 남부지역에 위치한 우라늄 광산 상공에서 빛이 이글거리는 원반 둘이 목격되었다. 물체는 우아한 곡선을 그리며 하강하다가 수차례 위치를 바꿔 비행했기 때문에 아래에서 보면 모양이 접시였다가, 달걀이었다가 직선으로 시시각각 달리 보였다. 이때 두 원반은 한 지점에서 맴돌다가 지그재그를 그리며 북동쪽으로 사라졌다. 윙윙거리는 날카로운 굉음이 들렸고, 물체의 움직임은 약 10~12분간 지속되었다.

　규모가 작은 엘리자베스빌 이착륙장에서 근무하던 사령관 피어Pierre는 직접 전투기를 조종하여 미확인 비행물체를 추적, 한 비행접시에 접근하여 120미터 안으로 거리를 좁혀갔다. 추정에 따르면, '비행접시'는 원반형에 직경이 12~15미터 정도 되었다고 한다. 내부 중심은 움직임이 없었고, 중심에서 돌출된 노브(꼭지)와 구멍 몇 개가 선명히 눈에 띄었다. 그리고 화염에 덮여있던 바깥 테두리는 매우 빠른 속도로 회전했을 것으로 보인다. 금속으로 된 외관은 알루미늄과 색상이 비슷했다.

　원반형 물체는 수직·수평으로 이동했지만 무게감은 없어 보였다. 게다가 고도의 변화가 몇 초 만에 800~1,000미터를 아우르는가 하면, 20미터만 더 내려가도 나무와 충돌할 만한 지점까지 쾌속낙하를 구사하기도 했다. 피어는 그것이 유인비행선일 리는 없다고 단정했다. 속도가 불규칙한 데다 기체 온도가 상당히 뜨거워 중심부에 탑승하는 것 자체가 불가능했기 때문이다. 피어는 추적을 포기해야 했다. 굉음을 내던 두 원반이 탕가니카 호Lake Tanganyika를 향해 직진하다 사라진 지 15분이 흐른 뒤였다. 비행물체의 속도는 줄잡아 시속 1,500킬로미터는 되는 것 같았다.

피어는 존경받는 장교이자 열성적인 파일럿이었다. 그는 자신이 목격한 사건을 상급자에게 구체적으로 보고했는데 여러 조사결과와 일치하는 점이 이상하리만치 많았다고 한다.

공개 승인

일시 _____

아래 그린 스케치는 '비행접시'의 구조적 특징을 묘사한다. 각 명칭은 비행물체를 추적했던 조종사의 보고서를 근거로 일부 추정했고, 비밀연구단체가 알아낸 점도 일부 추가한 것이다. 심장부에는 폭탄(SP)과 레이더 조절장치(R)가 장착되었고, 발포용 노브(KZ)와 안테나(AN) 및 역압설비(GD)도 눈에 띄었다. 중심부 주변으로 가 보면 테두리는 상하부에 장착된 분사장치(D)로 회전이 가능했다. 연료실(DB)도 볼 수 있다. 비행체는 마치 원반을 던지는 듯 예각을 그리며 발진했는데 테두리의 분당 회전수는 2만 2,000회로 추산된다. 테두리 하부에 설치된 분사기는 수직 상승시 추진되며, 측면에 달린 키steerage는 다양한 분사기를 개폐하다 생긴 것으로 보인다.

[개략적인 그림은 아래와 같다]

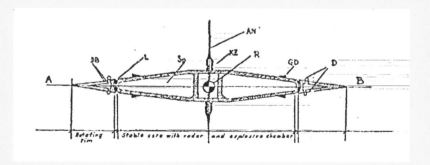